大兴调查研究之风

（第二版）

主编　洪向华

重庆大学出版社

图书在版编目（CIP）数据

大兴调查研究之风 / 洪向华主编. --2版.--重庆：
重庆大学出版社，2023.4
ISBN 978-7-5689-3862-4

Ⅰ.①大… Ⅱ.①洪… Ⅲ.①中国共产党—党的作风
—调查研究 Ⅳ.①D261.3

中国国家版本馆CIP数据核字（2023）第068210号

大兴调查研究之风（第二版）

主　编　洪向华
策划编辑：孙英姿　许　璐
责任编辑：许　璐　　版式设计：许　璐
责任校对：刘志刚　　责任印制：张　策

*

重庆大学出版社出版发行
出版人：饶帮华
社址：重庆市沙坪坝区大学城西路21号
邮编：401331
电话：（023）88617190　88617185（中小学）
传真：（023）88617186　88617166
网址：http://www.cqup.com.cn
邮箱：fxk@cqup.com.cn（营销中心）
全国新华书店经销
重庆升光电力印务有限公司印刷

*

开本：940mm×1360mm　1/32　印张：8.375　字数：168千
2023年4月第2版　　2023年4月第2次印刷
ISBN 978-7-5689-3862-4　定价：48.00元

修订前言

习近平总书记高度重视调查研究工作。党的十九大以来，习近平总书记在中央政治局民主生活会上多次强调，调查研究是我们党的传家宝，是做好各项工作的基本功；要求在全党大兴调查研究之风，推动党中央大政方针和决策部署在基层落地生根。为了深入学习贯彻习近平总书记关于调查研究的重要论述，我们于 2019 年编写了《大兴调查研究之风》一书，并取得了很好的社会反响。

2023 年 1 月，中共中央政治局召开民主生活会，习近平总书记主持会议并发表重要讲话，强调要大兴调查研究之风，多到分管领域的基层一线去，多到困难多、群众意见集中、工作打不开局面的地方去，体察实情，解剖麻雀，全面掌握情况，做到心中有数。为深入学习贯彻习近平新时代中国特色社会主义思想，全面贯彻落实党的二十大精神，党中央决定，在全党大兴调查研究，作为在全党开展主题教育的重要内容，推动全面建设社会主义现代化国家开好局起好步。为此，中共中央办公厅印发了《关于在全党大兴调查研究的工作方案》（以下简称《工作方案》），对全党的调查研究工作做出部署和安排。为帮助广大党员干部学习贯彻《工作方案》，不断提高自己的调查研究能力，我们以习近平总书记的讲话精神为根本遵循，结合二十大精神，依据《工作方案》对2019年出版的《大兴调查研究之风》一书进行了修订。参加各章修订工作的是：第一章、第二章，李跃华、余忠剑；第三章、第四章，齐先朴；第五章，汪勇；第六章，林珊珊；第七章，甘守义。

洪向华

2023 年 4 月 7 日

目　录

序　言

跟习近平总书记学习调查研究

洪向华　杨润聪

调查研究一直是中国共产党处理党内外、国内外事务的科学工作方法和优良工作作风。习近平总书记高度重视调查研究工作，他强调指出，"没有调查，就没有发言权，更没有决策权"[1]。他认为调查研究工作要从"身入"到"心至"，要运用科学的方法进行调查研究，这样才能确保科学决策的有效落实。

一、从社会现实出发，保证政策制定的科学性

习近平总书记指出："调查研究，是对客观实际情况的调查了解和分析研究，目的是把事情的真相和全貌调查清楚，把问题的本质和规律把握准确，把解决问题的思路和对策研究透彻。"[2] 对客观实际情况的调查了解和分析研究，就是对社会现实的把握。只有把握了现实的人的需要，把握了现实社会的生产状况，把握了与生产状况相对应的整个社会结

---

[1]《人民日报》评论部：《调研是谋事之基成事之道》，《人民日报》，2013年7月26日，第5版。

[2] 习近平：《谈谈调查研究》，《学习时报》，2011年11月21日，第1版。

构状况，才能有效地制定政策，解决现实问题。

习近平同志在福建宁德近两年的工作中，带头"四下基层"，对宁德的经济发展状况、人民生活状况，以及宁德自身的特点和历史，做了仔细调查和认真思考。1988年9月，习近平同志刚入职，就对闽东九县进行了深入调研，他指出："闽东，交通闭塞，信息短缺，是小农经济的一统天下。"[1]他用五个字形象生动地描绘了当时的闽东——"老、少、边、岛、贫"[2]。经过长时间的调研，习近平同志发现闽东地区穷的主要原因是农业落后，但是在闽东立即搞大工业也是不切实际的。他根据闽东的自然优势和农业特点，提出山、海、田共同发展，农、林、牧、副、渔全面发展，调整农业产业结构，使更多农民走上致富道路。面对当地百姓生活的困境，习近平同志并不像其他党政干部同志所希望的那样，帮闽东向中央多要些资金，多安排一些计划内的资源。习近平同志提出，"把事事求诸人转为事事先求诸己"[3]，领导干部要付出更加艰辛的劳动，带领广大人民群众充分发扬艰苦创业精神，进行长期不懈的努力，逐渐解决贫困地区的发展问题，逐步摆脱贫困落后的面貌。

20世纪90年代，我国社会生产力发展水平还很低，人均国内生产总值也比较低，落后于发达国家。当时广大人民群众的愿望是能够摆脱贫困，物质生活得到满足。但是，人

---

[1] 习近平：《摆脱贫困》，福建人民出版社，2014年版，第1页。
[2] 习近平：《摆脱贫困》，福建人民出版社，2014年版，第2页。
[3] 习近平：《摆脱贫困》，福建人民出版社，2014年版，第2页。

的需要并不是一成不变的。马克思指出，在人的吃、喝、住、穿的"第一个需要"得到满足后，"已经得到满足的第一个需要本身、满足需要的活动和已经获得的为满足需要而用的工具又引起新的需要"[1]。改革开放四十年来，我国的经济建设取得了举世瞩目的成就，中国成为世界第二大经济体，广大人民群众的生活水平有了大幅度提升。习近平总书记在党的十九大报告中强调，"我国社会主要矛盾已经转化为人民日益增长的美好生活需要和不平衡不充分的发展之间的矛盾"[2]。人民的愿望已经不再是满足温饱，不再仅仅是物质方面的需求，而是要满足其自身全方位、多层次发展的需求，满足其对美好生活的向往。因此，在中国特色社会主义进入新时代的条件下，现阶段我国发展的主要任务是大力提升质量和效益，更好地满足人民在经济、政治、文化、社会、生态等方面日益增长的需要，更好地推动人的全面发展、社会的全面进步。人的需要是推动社会发展的重要因素，而了解人的现实需要，满足人的现实需要就成为马克思主义政党的重要任务。马克思对此做过生动的描述："人们是现实的、从事活动的人们，他们受自己的生产力和与之相适应的交往的一定发展——直到交往的最遥远的形态——所制约。"[3]因此，一切政策的制定必须坚持在现实生产和生活中把握人

---

[1]《马克思恩格斯选集》（第一卷），人民出版社，2012年版，第159页。
[2]习近平：《决胜全面建成小康社会　夺取新时代中国特色社会主义伟大胜利》，人民出版社，2017年版，第14页。
[3]《马克思恩格斯选集》（第一卷），人民出版社，2012年版，第152页。

的需要，回应和满足广大人民群众的需要，这是对我们党所坚持的现实指向性理论的回应。

调查研究是一个了解现实的过程，只有通过调查研究才能了解实际情况、总结基层经验，才能为正确制定政策创造条件。习近平同志指出，"调查研究的过程就是科学决策的过程，千万省略不得、马虎不得"，"必须积极探索新时期调查研究工作的特点和规律，努力在提高调查研究方法的科学性上下功夫，不断提高调查研究工作的质量和水平"。[1]习近平总书记进行调查研究工作从未脱离过社会现实，一切以社会生产的发展状况为前提，为实现广大人民群众的需要和有效地制定政策服务。

二、以群众史观为指导，坚定不移地走群众路线

人民群众是实践的主体、历史的创造者，我们党要在群众中发掘巨大的智慧和力量。人民群众既是物质财富的创造者，也是精神财富的创造者，同时还是变革社会的主要力量。马克思指出："历史活动是群众的事业，随着历史活动的深入，必将是群众队伍的扩大。"[2]马克思在这里强调了人民群众在社会历史发展中的决定性作用，人民群众是社会历史的创造者，要尊重群众的主体地位和首创精神。习近平总书

---

[1]习近平：《干在实处 走在前列——推进浙江新发展的思考与实践》，中共中央党校出版社，2006 年版，第 536 页。

[2]《马克思恩格斯文集》（第一卷），北京：人民出版社，2009 年月版，第 287 页。

记指出，"在困难面前，作为领导干部应该千方百计采取切实可行的好措施、好办法，努力解决困难。好措施、好办法哪里来？答案是：从群众中来。"[1]习近平总书记深深地明白，人民群众中蕴藏着巨大的智慧和力量，领导干部面对现实问题时，要认真贯彻落实党的群众路线，坚持从群众中来到群众中去，一切相信群众，一切依靠群众，一切为了群众。要深入基层，深入群众，求教于民，深入调查研究。只有这样，才能够对现实情况了然于胸，才能够找到解决问题的有效方法，才能够做出正确的决策，切实解决现实问题。

人民群众是共产党存在和发展的基础，要创造实实在在的业绩，才能赢得民心。在了解阶级斗争的历史之后，我们不难发现，资产阶级在同封建势力作斗争的时候，所依靠的力量是广大人民群众，但是资产阶级在取得政权之后，最先抛弃的也是广大人民群众。这是因为，资产阶级与广大无产阶级在根本利益上是不一致的，他们之间是剥削与被剥削的关系；而无产阶级政党是应无产阶级的需要产生的。马克思指出："只有组织起来，无产阶级才能与资产阶级民主派相抗衡，并且在自己的政党里独立讨论阶级利益而不受资产阶级的影响。"[2]无产阶级政党是为无产阶级的解放而产生的，无产阶级政党的权力是广大无产阶级赋予的，因此，共产党

---

[1]习近平：《干在实处 走在前列——推进浙江新发展的思考与实践》，中共中央党校出版社，2006年版，第530页。
[2]《马克思恩格斯选集》（第一卷），人民出版社，2012年版，第369页。

是一刻也不能脱离群众的。习近平总书记强调，"各级领导干部要增强宗旨意识，在任何时候任何情况下，都要坚持把最广大人民的根本利益放在首位，时刻把人民群众的安危冷暖挂在心上，多为群众办实事、办好事"[1]。共产党代表的是最广大人民的根本利益，要全心全意为人民服务，要做好人民的公仆。"群众利益无小事"，这是习近平总书记常挂在嘴边的一句话，从政多年，他一直关心贫困人口脱贫问题。特别是在全面建成小康社会的关键时期，必须要让贫困人口脱贫奔小康，打赢脱贫攻坚战。党的十八大以来，习近平总书记专门到贫困县区进行调研。他踏遍全国 14 个集中连片的贫困地区，徒步走进农户家中，与农户促膝长谈，用心去关心百姓疾苦，用行动去改善百姓生活，围绕百姓最现实、最关心、最直接的利益办实事。

习近平总书记进行调查研究，首先做的就是到基层摸实情。他认为，坚定不移地走群众路线，实现群众愿望、满足群众需要、办好群众事情，是党和政府的重大政治责任。他指出："我们是党的干部，是人民的公仆……一定要把群众的安危冷暖挂在心上，以'天下大事必作于细'的态度，抓实做细事关群众切身利益的每项工作，努力办实每件事，赢得万人心。"[2]

[1] 习近平：《干在实处 走在前列——推进浙江新发展的思考与实践》，中共中央党校出版社，2006 年版，第 526 页。
[2] 习近平：《干在实处 走在前列——推进浙江新发展的思考与实践》，中共中央党校出版社，2006 年版，第 527 页。

三、积极践行马克思主义实践观，增强实干意识

马克思认为，实践是人类社会存在的基础，是社会发展的动力，人类社会是由人组成的，而全部社会历史又是人通过实践创造的。因此，"全部社会生活在本质上是实践的"。在马克思看来，人的思维具有客观性是一个实践的问题，他指出，"人应该在实践中证明自己思维的真理性"。他提出，实践是检验真理的客观标准。中国共产党在九十多年的艰辛历程中，一直积极践行马克思主义实践观。习近平总书记强调，"空谈误国，实干兴邦"。我们所进行的社会主义现代化建设的伟大事业，实现中华民族的伟大复兴，不是挂在嘴上、写在纸上、停留于会上，而是要撸起袖子加油干，是要付诸实实在在行动的。

马克思在《黑格尔法哲学批判》导言中指出："批判的武器当然不能代替武器的批判，物质力量只能用物质力量来摧毁；但是理论一经掌握群众，也会变成物质力量。理论只要说服人〔ad hominem〕，就能掌握群众；而理论只要彻底，就能说服人〔ad hominem〕。所谓彻底，就是抓住事物的根本。"[1] 他在这里强调了理论与实践的关系，理论是不能够代替实践的，社会主义革命最终还是要通过实践来实现。但是马克思又指出了科学的理论能动作用，理论只要能抓住事物的根本，符合实际，就会被群众所接受和掌握，进而变成

---

[1]《马克思恩格斯全集》（第三卷），人民出版社，2002 年版，第 207 页。

物质力量，实现理论与实践的统一。习近平同志要求："每一名党员领导干部都要时时处处重实际、说实话、务实事、求实效，做到理论与实际、学习与运用、言论与行动相统一，创造性地开展工作。"[1] 没有天生的伟大，习近平总书记从大队书记到党的总书记，不是偶然的，是实干出来的。在延安梁家河插队期间，年轻的习近平就明白为老百姓干事要踏踏实实。入党之后，习近平就被梁家河的党员选举为大队书记。当了大队书记后，习近平同志就为梁家河人做了一件大事——带领全村人打了一个淤地坝。打这个大型的淤地坝是老百姓以前想都不敢想的，习近平同志却做成了。经过长时间的规划，这个大规模的淤地坝就开始建设了。在打坝期间，习近平同志更是付出了全部的热情和精力，起早贪黑，终于带领全村人修好了大坝。直到现在，坝顶的土地仍旧是梁家河村最好、最平整，也是最便于灌溉的土地。

马克思在《哥达纲领批判》中指出："一步实际运动比一打纲领更重要。"[2] 习近平总书记在广东考察工作时指出："全面建成小康社会要靠实干，基本实现现代化要靠实干，实现中华民族伟大复兴要靠实干。"[3] 实干精神是中国共产党人的宝贵品质，改革开放四十年来，中国共产党人正是凭借这种实干精神，不畏艰难，奋发进取，我们

[1] 习近平：《干在实处 走在前列——推进浙江新发展的思考与实践》，中共中央党校出版社，2006年版，第542页。
[2]《马克思恩格斯文集》（第三卷），人民出版社，2009年版，第426页。
[3]《习近平关于全面建成小康社会论述摘编》，中共中央文献研究室编，中央文献出版社，2016年版，第187页。

党和国家才能取得这样伟大的成就。十八届三中全会后不久，习近平总书记在山东考察时强调："一分部署、九分落实。改革蓝图有了，现在的关键是把蓝图一步步变为现实。"[1] 十八届三中全会所勾画的改革蓝图，集中了全党和全国人民的智慧，集中反映了广大人民群众的愿望，是推动我国经济社会可持续发展的科学决策。好的决策关键是落实，不抓落实，再好的蓝图也只是一纸空文。"十三五"时期是我们决胜全面建成小康社会的关键时期，习近平总书记指出，要准确把握战略重点，"做到胸中有数、落实有策、行动有策，以奋发有为的精神状态、攻坚克难的拼搏意志、只争朝夕的紧迫劲头，通过抓好发展战略重点带动发展全局，把'十三五'发展宏伟蓝图一步一步变为现实"[2]。领导干部不能讲得头头是道，做起来轻轻飘飘，必须要在落实上下苦功夫，下真功夫。否则，为全面建成小康社会、为实现中华民族伟大复兴所绘的宏伟蓝图，就会如镜中花、水中月，可望而不可即，人民的愿望就会落空，实现中华民族伟大复兴的历史使命也无法完成。

马克思主义哲学的最终目的是指导无产阶级进行改造世界的革命实践。习近平总书记坚持一切从实际出发，每到一处都会自己进行调查研究。他要察实情、讲实话，不搞主

---

[1] 何毅亭：《以习近平同志为核心的党中央治国理政新理念新思想新战略》，人民出版社，2017 年版，第 249 页。
[2]《习近平关于全面建成小康社会论述摘编》，中共中央文献研究室编，中央文献出版社，2016 年版，第 207 页。

观臆断，不喊哗众取宠的空口号，只为百姓办实事。他告诫领导干部如何提高干实事的能力时指出："每一名党员干部都要时时处处重实际、说实话、务实事、求实效，做到理论与实际、学习与运用、言论与行动相统一，创造性地开展工作。"[1]

调查研究方法是我们党一以贯之的科学方法，更是我们党在各个时期所取得巨大成就的经验总结。历史和现实一再证明，中国共产党作为马克思主义政党，自成立以来从未有过把人民的利益束之高阁的时刻，党所领导的一切事业皆来自人民的需求，并时刻致力于回应人民群众的呼声，坚持唯物史观这一根本思想的理论指导，善于运用调查研究方法，力求不断在理论与实践结合的基础上取得社会主义事业的进步。习近平总书记在新时代中国特色社会主义建设事业中继续坚持调查研究这一科学研究方法，并且根据时代变化，深刻总结了新时代调查研究的新要求和新措施，取得了一系列重大成就，解决了一系列难题，完成了一系列重要任务，使党和国家事业取得举世瞩目的伟大成就。唯物史观是党执政为民的核心理念来源，是马克思主义执政党区别于其他政党的显著标志。因此，在新的历史时期，以唯物史观的视角总结和学习习近平总书记关于调查研究的重要论述，对于巩固和发展社会主义现代化建设的伟大事业具有重大作用。

---

[1] 习近平：《干在实处 走在前列——推进浙江新发展的思考与实践》，中共中央党校出版社，2006 年版，第 542 页。

第一章

调查研究是党的优良传统

调查研究是马克思主义认识论和方法论的必然要求，也是马克思主义基本原则的重要组成部分。调查研究不仅有着深厚的马克思主义理论渊源，而且深入实际进行调查研究，坚持理论与实际相结合，由此制定和执行正确的路线方针政策，是我们党领导革命、建设、改革的基本经验和基本工作方法。毛泽东、周恩来、刘少奇、邓小平、陈云等老一辈革命家，曾经对调查研究问题发表过许多重要而精辟的论述，他们还经常深入基层亲自做社会调查，撰写了许多调查报告。所以，习近平同志曾指出："重视调查研究，是我们党在革命、建设、改革各个历史时期做好领导工作的重要传家宝。"[1] 新时代继续发扬党的调查研究优良传统，对于推动和指导党和人民的事业实现新的飞跃，必将起到重要作用。

一、马克思主义经典作家的调查研究

调查研究是人们认识社会、改造社会的科学方法，是马列主义的理论源泉，是马列主义普遍真理与革命实践相结合

---

[1] 习近平：《谈谈调查研究》，《学习时报》，2011 年 11 月 21 日，第 1 版。

的基本环节。近两百年来，马克思、恩格斯的思想道路之所以越走越宽广，就是因为它是经过系统、深入的调查研究所形成的真理。马克思主义调查研究是有着深刻的方法论基础的。从马克思主义视野看，调查研究则是深入实际、深入群众，把所获得的大量材料进行去粗取精、去伪存真、由此及彼、由表及里的分析思考，使之条理化、系统化，进而透过复杂烦琐的现象抓住事物本质，发现事物内在规律，实现由感性认识上升到理性认识，从而在此基础上得出正确结论、做出科学决策的过程。"具体言之，就认识过程而言，马克思主义的调查研究是共产党人提高认识能力、分析能力和解决问题能力的实践过程。即既是认识过程，又是实践过程。"[1]总的来说就是，马克思主义从宏观视野和哲学高度，把调查研究表征为人们的实践活动、实践方式以及共产党人开展工作的基本途径和科学方法。在这种科学方法论的基础上，马克思主义经典作家躬身实践，广泛和深入调研。

马克思和恩格斯从投身无产阶级革命运动起，就极为重视调查研究这一科学方法，经常深入生活搞调查研究。为了进一步了解工人阶级状况，1880年4月，马克思为法国《社会主义评论》杂志设计了一份《工人调查表》。这份调查表内容十分详尽，包括了劳动环境、劳动强度、工作时间、工资以及资本家的剥削状况等近一百个问题，几乎涵盖了工人

---

[1] 朱永刚：《民族复兴语境下党的调查研究——基于哲学层面的多维分析》，《学术探索》，2017年第9期，第25页。

生产生活的所有信息，从这份调查表中，马恩探索了资本主义的罪恶和剩余价值的秘密。为了《资本论》的写作，马克思花了整整 40 年的时间，深入各个方面搜集材料。在此期间，他还分析、比较、研究了英国调查委员会和各工厂视察员所搜集整理出来的大量的调查报告和经济资料，为最终完成这部巨著打下了扎实基础。

恩格斯在《卡尔·马克思〈政治经济学批判〉》中说："即使只是在一个单独的历史实例上发展唯物主义的观点，也是一项要求多年冷静钻研的科学工作。因为很明显，在这里只说空话是无济于事的，只有靠大量的、批判地审查过的、充分掌握了的历史资料，才能解决这样的任务。"[1]恩格斯同样重视对工人的调查，《英国工人阶级状况》是他于 1844 年 9 月至 1845 年 3 月间写成的卓越的社会调查著作，列宁认为这部著作是世界社会主义文献中最优秀的著作之一。这本书的序言中说，作者用了 21 个月的时间，经常到工人栖身的地方去并和他们交朋友，通过亲身观察和亲身接触，恩格斯调查了解了他们的生活和斗争情况，研究了他们的痛苦和要求，进而最直接地研究了英国的无产阶级。

列宁指出，作为马克思主义者，应竭尽全力把事实作为制定政策的基础，[2]要从俄国的具体国情和任务出发，创造性地对待马克思学说。他深入实际亲自调查俄国国情，搜集了大量统计资料，用马克思主义方法加以分析，形成"苏

---

[1]《马克思恩格斯文集》（第二卷），人民出版社，2009 年版，第 598 页。
[2] 文中引用的并非原话，只是列宁的相关表述。文献来源：《列宁全集（第二十五卷）》，人民出版社，1958 年版，第 266 页。

维埃是俄国无产阶级专政的最好形式""社会主义革命可以首先在一个国家胜利"等正确的理论和方针。这个结论与马克思、恩格斯的提法不同，马克思、恩格斯以前的说法是，社会主义革命在单独某一个国家内不可能胜利，它只有在所有的，或大多数文明国家里进行共同的攻击才能胜利。正是得益于深入的调研，列宁的结论非常符合当时整个世界进入垄断资本主义时期的俄国的具体情况，从而推动了马克思主义向前发展。十月革命胜利后，列宁多次强调调查研究对苏维埃政权的迫切性，对加强党的执政能力建设的重要性。他主张要深入到实际生活中去，要下功夫进行调查研究。他说："谁怕付出劳动，谁就没有可能找到真理。"[1]1918 年，列宁针对当时的一些党报宣传的内容不适应政治经济发展需要的现状，要求工作人员重视调查研究并提出了具体要求。他指出，要认真调查所在单位"是否真正有成绩？有哪些成绩？证实了没有？其中有没有虚构、夸大和书生式的许诺……成绩是怎样取得的？怎样扩大的？"[2]列宁这里提出的六个问题，是做好调查研究的重要环节，是马克思主义求实精神在调查研究中的具体运用。列宁认为，在调查研究时，要深入到基层，在切实掌握丰富的具体材料的基础上做出正确的分析，找出成功和失败的真正原因；要敢于揭露和批评错误行为，大力表彰好人好事，"只有这样，我们整个建设事业

[1]《列宁全集》（第二十三卷），人民出版社，2017 年版，第 66 页。
[2]《列宁全集》（第三十五卷），人民出版社，2017 年版，第 92 页。

的改善也就会越加顺利"[1]。

列宁不仅重视调查研究的实际意义，而且还非常重视调查研究的态度和方法。列宁认为，在调查研究时，不要以"大官"的身份出行。以"大官"的身份出行，"往往要发几十份专电，兴师动众"，而且难以调查到真实情况。一次，列宁以全俄肃反委员会一个无名工作人员的身份出行，调查全俄肃反委员会轨道车的情况。通过调查，列宁了解到轨道车无人看管，残缺不全，燃料被人偷走，煤油里有水，发电机运转糟得叫人无法忍受，途中不断地停车，不该停的站也停的情况。而站长们对此全然无知，轨道车管理秩序混乱、工作人员工作马虎，情况之糟已到了无以复加的程度。

二、调查研究是中国共产党的优良传统

马克思主义要得到深化和发展，同样需要运用调查研究这一科学手段，将马克思主义应用于本国的革命实践，使之适合一定时期的具体历史条件。我们党在革命、建设、改革各个历史时期，始终坚持把调查研究作为进行正确决策和做好各项领导工作的重要前提，作为贯彻实事求是思想路线所应有的优良传统和作风，这也是我们党在马克思主义中国化过程中取得的基本经验。

---

[1] 中共四川省委政策研究室：《调查研究是党的优良传统和作风——纪念中国共产党成立 90 周年》，《西南石油大学学报》（社会科学版），2011 年第 4 期，第 41 页。

（一）革命战争年代：调查研究优良传统的形成

以毛泽东为代表的第一代中国共产党人，坚持马克思主义原理同中国革命实际相结合的正确方向，形成了调查研究的优良传统。毛泽东同志非常重视调查研究，认为"调查研究极为重要"[1]，他不仅把调查研究看作一切工作的基础，而且把调查研究当作各级干部必须练就的基本功，为党的调查研究优良传统的形成和发展作出了巨大贡献。

毛泽东同志在青年时期，就重视书本知识的学习，但又不满足于书本上的知识，而是尽可能多地从社会实践中学习。他在长沙第一师范求学期间，利用假期，经常和志同道合的同学走出学校，到农村的广阔天地去游学，考察乡间的风土人情，了解社会，尤其是了解贫苦农民受压迫、受剥削的状况。这些实践调查加深了他对中国国情的认识，并激发了他的革命热情。五四运动后，随着马克思主义在中国的广泛传播，毛泽东开始自觉运用马克思主义理论指导调查研究。其中1925年的《中国社会各阶级的分析》和1927年的《湖南农民运动考察报告》等就是伟大的马克思主义文献。1926年，他通过调查研究获取了大量的第一手资料，撰写的调查报告《中国佃农生活举例》，被作为"中央农民运动讲习所"的生动教材。

对早期在严酷革命战争环境下所做过的调查研究工作

---

[1]中共中央文献研究室毛泽东组：《〈毛泽东文集〉与毛泽东思想》，人民出版社，2002年版，第313页。

以及形成的调查报告，毛泽东有着极为深刻的记忆。但由于条件和环境恶劣，一些调查报告遗失了。毛泽东曾痛心地说："失掉别的任何东西，我不着急，失掉这些调查（特别是衡山、永新两个），使我时常念及，永久也不会忘记。"[1] 随着中国革命形势的不断变化和发展，毛泽东反复强调调查研究问题。井冈山时期，他先后进行了宁冈、寻乌、兴国等 8 次较大的调查研究。其中，他在 1930 年 5 月撰写的《反对本本主义》一文和在 1931 年 4 月起草的《调查通知》中，相继提出了"没有调查就没有发言权"[2] "不做正确的调查同样没有发言权"[3] 等著名论断。1930 年 5 月，红四军攻克寻乌县城，并在这里停留了一个月的时间，分散到寻乌及附近各县发动群众。有这样一段相对安定的时间，对毛泽东来说太珍贵了。他抓住这个机会，在中共寻乌县委书记古柏的协助下，接连开了十多天座谈会，进行社会调查。毛泽东对寻乌的调查相当全面，包括地理位置、历史沿革、行政区划、自然风貌、水陆交通、土特产品、商业往来、商品种类、货物流向、税收制度、人口成分、土地关系、阶级状况、剥削方式、土地斗争，等等。这是他以前从没有过的规模最大的一次调查，而且通过对寻乌的调查，即可对赣南、闽西的基本情况有大致的了解，因为"寻乌这个县，介在闽粤赣三省的交界，明了这个县的情况，三省交界各县的情况大概相差不远"[4]。

[1]《毛泽东农村调查文集》，人民出版社，1982 年版，第 41 页。
[2]《毛泽东选集》（第三卷），人民出版社，1991 年版，第 802 页。
[3]《毛泽东农村调查文集》，人民出版社，1982 年版，第 13 页。
[4] 中共中央文献研究室，中国井冈山干部学院：《毛泽东中央革命根据地斗争时期调查文集》，中央文献出版社，2010 年版，第 17 页。

这篇文章（《寻乌调查》）曾在红四军中和中央革命根据地印成小册子，后因敌人多次"围剿"而失传了。1957年2月，福建上杭县农民赖茂基把珍藏了二十多年的一批革命文物捐赠给龙岩地委，其中有一本石印小册子，正是毛泽东著的调查报告。1961年1月，毛泽东看到这本小册子后非常高兴，对身旁的人说，失散多年的"孩子"终于找回来了！这篇文章，是毛泽东多年从事调查研究的经验总结。寻乌调查对中国共产党形成正确的土地革命路线起到了重要的作用。后来，毛泽东曾这样说："到井冈山之后，我作了寻乌调查，才弄清了富农与地主的问题，提出解决富农问题的办法，不仅要抽多补少，而且要抽肥补瘦，这样才能使富农、中农、贫农、雇农都过活下去。假如对地主一点土地也不分，叫他们去喝西北风，对富农也只给一些坏田，使他们半饥半饱，逼得富农造反，贫农、雇农一定陷入孤立。当时有人骂我是富农路线，我看在当时只有我这办法是正确的。"[1]

延安时期，正是伴随着调查研究和解决问题的步伐，毛泽东思想才走向成熟。为了引导全党搞好调查研究，毛泽东花了几年工夫，尽其所有收集了自己以往有关农村调查的一些报告，编印了《农村调查》一书，其目的是"为了帮助同志们找一个研究问题的方法"。此后，毛泽东系统阐述了他的调查研究观："调查研究是马列主义普遍真理

---

[1]《毛泽东农村调查文集》，人民出版社，1982年版，第22页。

与中国革命具体实践相结合的中心环节，调查第一是眼睛向下，第二是开调查会"，"在全党推行调查研究的计划，是转变党的作风的基础一环"。毛泽东对调查研究的高度重视，对推动全党充分认识调查研究的重要性，推动调查研究成为我党自建党以来一贯倡导和坚持的工作方法和思想方法，起到了非常重要的作用。

　　在毛泽东的倡导和培育下，全党深入实际，调查研究，尊重群众的智慧、才能和首创精神，这是老一辈无产阶级革命家所身体力行的，为我们树立的良好榜样。1929 年 9 月，周恩来在代表中共中央发出的《给红军第四军前委的指示信》中提出："关于调查工作应切实去做"，"这个工作做得好，对于了解中国农村实际生活及帮助土地革命策略之决定有重大意义"。[1] 周恩来同志对调查研究始终不渝，坚持一生。早在 1943 年 4 月 22 日，他在《怎样做一个好的领导者》的报告中曾指出，领导者"必须正确地决定问题。首先，要估计环境及其变动，并找出此地此时的特点。次之，要依此与党的总任务联系起来，确定一时期的任务和方针。再次，要依此方针，规定当前适当的口号和策略。又次，然后据此定出合乎实际的计划和指示。这一切，必须经过最实际的调查研究，并使这些实际材料与党的原理原则联系起来"[2]。周恩来在他的光辉领导生涯中，曾做过无数次决策，取得

---

[1] 中共中央文献研究室、中国人民解放军军事科学院：《周恩来军事文选》（第一卷），人民出版社，1997 年版，第 97 页。
[2]《周恩来选集》（上卷），人民出版社，1980 年版，第 129 页。

了辉煌的业绩，而这些都和他重视调查研究、求真务实密不可分。

"彭德怀作为我军高级指挥员，在戎马倥偬之际，仍不忘做社会调查。1948年2月，彭德怀率领西北野战军南下关中，在延川停留时，他通过调查延川的小商小贩，发现全县纳税商户仅有13家，且没有一家雇人的，都只是贩卖馒头、红枣、火柴、针线、土布等小本经营者。他把这种经济萧条的情况向中央写了报告，并建议停征营业税一年至两年，以便恢复战前市场，活跃经济。"[1]毛泽东看到这个建议后，非常重视，明确指出："各地对于工商业的税收政策的内容及其结果如何，完全没有或很少向中央作报告。"[2]"据所知的不完全的材料看来，极端危险的带有破坏性的既不符合于正确的经济观点，也不符合于正确的财政观点的冒险主义的税收政策是存在着的。这种冒险主义的政策必须加以纠正。望各中央局、中央分局认真检查一次对工商业的税收政策，以其结果报告中央。"当时解放区人口1.6亿，县以上城市482座，其中包括东北的哈尔滨、齐齐哈尔、佳木斯和河北的石家庄。[3]毛泽东十分重视这个报告，及时调整了工商业政策和税收政策，使城乡经济得到恢复和发展。事实证明，解放区活跃的经济，对于解放战争的胜利有着重要的意义。

---

[1]梁柱：《大力弘扬党注重调查研究的传统作风》，《前线》，2009年第12期，第27页。
[2]中共中央文献研究室：《毛泽东年谱（1893—1949）》（下卷），人民出版社，1993年版，第283页。
[3]佚名：《彭德怀：不为人知的经济学天分》，《辽沈晚报》，2009年12月24日，第8版。

（二）社会主义建设时期：调查研究优良传统的发展

在社会主义改造基本完成以后，建设社会主义的任务摆在了我们党面前。为了找到一条适合中国实际的社会主义建设与发展的道路，中央领导同志开展了方方面面的调查研究。就在新中国成立的当月，针对当时的绥远省有关干部在开展工作和搞生产建设过程中出现的不了解情况、不懂业务和工作方法简单粗暴等问题，毛泽东说："我们有许多同志，对新情况、新事物不作调查研究，自己又不懂得，就在那里办事，不懂货就不识货，这怎么能办好事情呢？"[1]他明确提出，我们的干部要"注意研究情况""懂得新的工作方法"，并进一步提醒党内干部说，现在共产党成了全国性的大党，我们有责任搞好各个方面的工作，否则会引起不满，会被人骂，甚至会被推翻。1953年，毛泽东指出，"中央和省市领导机关是一个制造思想产品的工厂，如果不了解下情，没有原材料，也没有半成品，怎么能够制造出产品？"[2]

为深入了解农村实情，1955年年初，毛泽东同志提出从全国每个省份选调一名军队干部，从天津、上海、广州、重庆、武汉五个大城市各选调一名军队干部集中到他身边的警卫部队工作，利用回家探亲的机会，调查了解情况并要求写出调查材料交给他，作为他联系农民、了解农村的一个办

---

[1]《毛泽东文集》（第六卷），人民出版社，1999年版，第11页。
[2]毛泽东：《毛泽东论思想方法》，红旗出版社，1982年版，第156页。

法。为帮助警卫战士更好地进行社会调查，毛泽东同志还亲笔为警卫战士就调查研究写了五条出差守则：（一）保密——不要说这里的情况。（二）态度——不要摆架子。（三）宣传——解释建设工业和实行社会主义的好处。（四）警惕——不要上反革命分子的当。（五）调查——生产、征购、合作社、生活、对工作人员的意见。1956年，毛泽东在向国外一些政党介绍我们党的历史经验时指出："要争取和依靠农民，就要调查农村"，"党的领导机关，包括全国性的、省的和县的负责同志，也要亲自调查一两个农村，解剖一两个'麻雀'"。[1]整个社会主义建设时期，毛泽东同志都是秉持这种精神和态度做好调查研究工作的，许多时候，正是在扎实的调查研究的基础上，毛泽东同志改正了很多方向性、政策性方面的不足与错误，使社会主义建设事业不断向前发展。

刘少奇是党的第一代中央领导集体的重要成员，长期主持党中央日常工作。他的调查研究活动，形成了内容丰富，思想性、理论性、政策性都比较强的重要成果，有的成为党和国家路线方针政策的重要组成部分。最具代表性的是1955年至1956年的部委汇报调研和1961年4月的宁乡调研。1961年4月1日，时任中共中央副主席、国家主席的刘少奇在广州参加完中央工作会议之后，偕夫人王光美和几个工作人员从广州抵达长沙，开启了他长达44天的宁乡、长沙

---

[1]《毛泽东文集》（第七卷），人民出版社，1999年版，第134页。

农村蹲点调查。刘少奇刚到湖南，为了充分收集到群众的真实意见，就对湖南省委负责人说："这次是来蹲点搞调查，采取过去老苏区的办法，直接到老乡家，睡门板，铺禾草，既不扰民，又可以深入群众。人要少，一切轻装简从，想住就住，想走就走，一定要以普通劳动者的身份出现。"刘少奇反复叮嘱参与调查的人员："要甘当群众的小学生，认真听取群众的意见，让群众把心里话讲出来。好话坏话都要听。"在调研之初，刘少奇发现参与调研的基层干部群众根本不愿讲实话，于是，他不让社队干部陪同，带着秘书径直来到生产队，请来社员座谈，与群众心贴心交流、面对面沟通，连续多日朝夕相处。刘少奇回湘调查期间，有33天吃住在农村生产队。他采取微服私访的办法，克服困难和阻力，深入田间、山林、食堂、猪场、医院、社队企业、社员家庭察看，吃了社员用来充饥的野菜和糠粑粑，切身感受了群众遭遇的巨大困难，获得了大量反映农村真实情况的第一手材料，悉数掌握了真实情况，并找到了造成这一严重困难的原因："三分天灾，七分人祸（'五风'）"，为党中央纠正"大跃进"以来的"左"倾错误，解决当时农村政策调整中与农民生产、生活密切相关的问题提供了直接依据。为什么刘少奇如此重视调查研究并取得了丰硕成果？可以用刘少奇的两段话来说明。一段话是："调查研究，进行试点，是总结自己的经验"，"我们应该学会自己走路，应该根据中国的特点，采取适合中国情况的方法来进行建设"。再是："一个好党员、一个好领导者的重要标志，在于他熟悉人民的生活状况和劳动状况，关心人民的痛痒，懂得人民的心。"[1]这两段话，体现了实事求是的思想路线是调查研究的根本要求：一方面，是一切从实际出发；另一方面，则是以人民为中心，全心全意为人民服务。

陈云同志在长期主持我们党的经济工作中积累了丰富的经济调查经验，是全党公认的善于调查研究的楷模。陈云提出了著名的十五字诀："不唯上、不唯书、只唯实，交换、比较、反复。"[2]"这十五个字，前九个字是唯物论，后六个字是辩证法，总起来就是唯物辩证法。"[3]对实事求是内涵丰富、生动而通俗的概括，成为陈云毕生实践、毕生强调的思想原则和工作方法。毛泽东曾称赞陈云是非常注重调查研究的，不经过调查研究是不轻易发表意见的。陈云能够成为实事求是的模范，就是因为他一贯遵循毛泽东倡导的思想方法和工作方法，在处理每个问题和做出每项决策的时候，总要先进行认真、周密的调查研究。针对财政赤字庞大、钞票发放过多，出现全国性的货币贬值和物价上涨的情况，陈云同志在调查研究基础上提出除了努力增产节约外，多发公债少发钞票、多收税少发钞票的办法。该方法执行的结果是比较迅速地扭转了经济被动局面。陈云同志曾指出："领导机关制定政策，要用百分之九十以上的时间做调查研究工作，

[1]《刘少奇选集》（下卷），人民出版社，1985年版，第275页。
[2]，[3]中共中央文献研究室：《陈云论党的建设》，中央文献出版社，1995年版，第314页。

最后讨论作决定用不到百分之十的时间就够了。"[1]陈云同志结合自己调查研究的经验，总结了调查研究两种很具体的方法。他说，一是要亲自率工作组下乡下工厂，二是每一个中高级领导干部都要交几个能讲真心话的朋友和身边的工作人员。通过这些朋友和工作人员可以了解到基层干部、基层工作人员的呼声。1961 年 6 月至 7 月，陈云同志回到自己的故乡——上海青浦县（现青浦区）小蒸公社做调查。他通过半个多月实际的调查、了解情况，提出了三项决策意见：第一，母猪应该下放给农民饲养；第二，种双季稻不如种单季稻和蚕豆；第三，要按中央的规定留足自留地。他的这个意见上报给中央以后很快被中央采纳，对指导全国各地的这三项工作起到了非常重要的作用。

（三）改革开放以来：调查研究优良传统的发扬光大

　　调查研究是马克思主义政党的优良传统和作风，也是我们党的一项基本工作制度和领导制度，是领导干部的一项基本功。在改革开放新的伟大事业中，党的领导集体继承和发扬了调查研究的优良传统，在改革开放新的实践中了解新情况、解决新问题、做出新结论，以更加高超的调查研究基本功，把我们党调查研究的理论和实践发展到了新阶段。

　　"文化大革命"以后，邓小平同志大力倡导党的"解放思想、实事求是"的思想路线，号召全党特别是领导干部一切从实际出发，坚持和发扬调查研究的优良传统。邓小

[1]《陈云文选》（第三卷），人民出版社，1995 年版，第 189 页。

平同志许多影响深远的重大决策都来源于调查研究，迅速坚决地把工作重点转移到经济建设上来，就来源于一场调研。粉碎"四人帮"后，中国面临向何方去的关键抉择。邓小平1978年9月13日至20日在北方四省一市通过调查研究形成的"北方谈话"，呼应了当时正在全国开展的真理标准问题大讨论，提出了全党工作着重点转移的崭新命题，为党的十一届三中全会实现伟大的历史转折奠定了思想和政治基础。

1978年9月13日，邓小平访朝归来，但他并没有马上回京，而是按事先安排，开始了在东北及华北地区的调查研究工作。在8天的时间里，邓小平从辽宁到黑龙江、吉林，再到辽宁、河北、天津，针对我国工业建设同发达国家之间的差距，先后在本溪、大庆、哈尔滨、长春、沈阳、鞍山、唐山、天津等地调查研究，发表重要谈话。这些谈话强调要以国际上先进的技术作为我国搞现代化的出发点，号召全党破除僵化，解放思想，实事求是，极大地促进了全党思想解放。1978年9月16日，邓小平在长春听取中共吉林省委汇报工作，提出了"社会主义制度优越性的根本表现，就是能够允许社会生产力以旧社会所没有的速度迅速发展，使人民不断增长的物质文化生活需要能够逐步得到满足"[1]的新论断。他认为全党当前的根本任务就是"要根据现在的有利条

---

[1]《邓小平文选》（第二卷），人民出版社，1994年版，第128页。

件加速发展生产力，使人民的物质生活好一些，使人民的文化生活、精神面貌好一些"[1]。这次讲话给在场的人以震撼。同年9月17日，他在沈阳听取中共辽宁省委负责人汇报工作时，一改往日的庄重严肃，动情地说："我们太穷了，太落后了，老实说对不起人民。我们现在必须发展生产力，改善人民生活条件。"[2]在这次调研中，邓小平首次提出了全党工作中心转移的战略问题。9月17日下午，他在接见沈阳军区机关及师以上干部时明确提出，要在适当时候结束全国性的揭批"四人帮"运动。他说："运动不能搞得时间过长，过长就厌倦了。""究竟搞多久，你们研究。"这实际上提出将党和国家工作重点从"抓纲治国"转到以经济建设为中心上来。[3]向以经济建设为中心的转移，是中国改革开放最重要的主题转移。

邓小平调查研究始终做到着眼全局。邓小平在调查研究中"爱算账"，不是就数字论数字，而是将数字作为从政治大局和长远目标来考虑问题的依据。看起来他是在算细账，实际上是从具体的数字来看全局、算大账。算账里面有战略，数字里面有政治。1982年9月，党的十二大提出，到2000年实现全国工农业总产值在1980年的基础上翻两番，使人民生活达到小康水平的宏伟目标。"翻两番"究竟靠不靠得

[1]《邓小平文选》（第二卷），人民出版社，1994年版，第128页。
[2]中共中央文献研究室：《邓小平思想年编》(1975—1997)，中央文献出版社，2011年版，第168页。
[3]蒋永清：《邓小平与调查研究》，《学习时报》，2018年3月7日，第1版。

住？"翻两番"的目标实现后，社会又将是什么样子？带着这样的思考，1983 年 2 月，邓小平离开北京，踏上南下的列车，到经济发展较快的苏浙沪地区调研，以获取第一手资料。在调研过程中，邓小平先为苏州人民取得的成绩兴奋不已。之后，邓小平又到杭州、上海等地调研。2 月 9 日下午，邓小平从江苏来到杭州。一见到前来迎接的浙江省委负责同志，邓小平便开宗明义地说："我这次在苏州，与江苏同志主要谈到 2000 年是不是可以翻两番，达到小康水平的问题。现在苏州工农业总产值人均已接近 800 美元。苏州同志谈，他们共解决了六个方面的问题。江苏从 1977 年至 1983 年六年间，工农业总产值翻了一番，依这样的发展，到 1988 年就可以再翻一番！"当听到时任浙江省委书记铁瑛说，浙江到 2000 年能翻两番半或三番时，邓小平问："你们看，翻两番是不是靠得住？现在是多少？到 2000 年是多少？"铁瑛一一回答。这次三个星期的调查研究，坚定了邓小平对"翻两番"、实现小康目标的信心。回到北京后，他同几位中央负责同志谈话，介绍了调研时了解到的"小康水平"的社会状况和六条标准，高兴地说，"看来，四个现代化希望很大"，"到本世纪末实现翻两番，要有全盘的更具体的规划，各个省、自治区、直辖市也都要有自己的具体的规划，做到心中有数"。1984 年 1 月 24 日，邓小平又来到深圳考察，听取时任深圳市委书记、市长梁湘汇报工作。当听到深圳经济特区的工业产值 1982 年达到 3.6 亿元、1983 年达到

7.2 亿元时，邓小平说："那就是一年翻一番？"显然，他对这个递增的速度非常满意。25 日上午，邓小平考察了深圳河畔一个渔民村。他到老支书吴伯森家做客时，一一询问吴伯森家里有几口人、收入多少。吴伯森告诉他，这个村家家是万元户，自己家人均月收入四五百元。邓小平听后高兴地对随行人员说："比我的工资还高啊！"走出渔民村口时，梁湘问："像渔民村这样的生产和生活水平，全国人民做到要多少年？"邓小平说："大约需要 100 年。"梁湘说："不要那么长吧？"邓小平说："至少也要 70 年，到本世纪末，再加 50 年。"后来，人们听到邓小平在北京宣布，要在 21 世纪中叶，使中国人民的生活达到中等发达国家的水平。这一预期目标，就是"三步走"发展战略的第三步，正好与他在渔民村调研时计算的结果相吻合。[1]"三步走"战略的设计，对中国四个现代化建设具有至关重要的意义。

对调查研究中发现的问题，要敢于处理。调查只是前期的工作，真正基于调研的情况制订和实施重要的决策才是目的所在，尤其针对发现的问题，邓小平强调要敢字当头，而非掩耳盗铃。四届全国人大一次会议闭幕后，周恩来的病情加重，邓小平受命于危难之际，主持国务院工作。当时，全国钢铁生产情况很不乐观。1975 年前四个月，全国钢铁生产陷入停滞，包头、武汉、鞍山、太原等钢铁公司欠产严重。

---

[1]刘金田：《邓小平这样搞调查研究》，《党建》，2013 年第 6 期，第 35-36 页。

通过深入调研，邓小平在 1975 年 5 月 21 日国务院办公会议上指出："对钢铁生产，我看到了解决问题的时候了，解决的条件也成熟了。各个行业都要支持。现在的问题是，你们敢不敢接受中央的支持，敢不敢按中央这次批示的要求去办。要找那些敢于坚持党的原则、有不怕被打倒的精神、敢于负责、敢于斗争的人进领导班子。"他诙谐地说："我是维吾尔族姑娘，辫子多，一抓一大把。"接着，他说："要敢字当头。搞社会主义建设，不能不搞生产，不能不搞科学技术。我们强调劳动生产率，强调科学技术，不能算作'唯生产力论'。"[1]

问数字、算细账，是邓小平在作决策和决断之前进行深入调查的重要方法。在作决策和决断之前进行深入调查，在实际调查中详细了解各种情况和细算每笔账，具体而生动地体现了邓小平求真务实的领导作风。他在每次视察和调研时，都力求准确了解真实情况，发现报告和汇报中可能存在的虚假问题并及时予以解决。领导同志在下基层调查和听取汇报时，经常会接触一些与实际情况不太相符的数字。因此，如何深入地了解真实情况，掌握准确可靠的数字极为重要。在数字问题上，邓小平坚决反对弄虚作假，他在调查中经常自己算账。改革开放初期，邓小平特别提醒各地的领导干部要改变作风，站在彻底的唯物主义立场上来对待数字。

---

[1] 刘金田：《邓小平这样搞调查研究》，《党建》，2013 年第 6 期，第 35-36 页。

1979年10月，他在各省、自治区、直辖市党委第一书记座谈会上讲到经济工作时，特别强调说："'文化大革命'中公布的数字就有虚假，有重复计算的问题，有产品不对路、质量很差的问题。知道这一点对我们今天考虑问题有好处。"为此，他严肃地提出："以后要求的速度、数字是扎扎实实的，没有水分的。产品要讲质量的，真正能体现我们生产的发展。如果做到这一点，其他的作风也都会变，管理水平、技术水平也会提高，实际得到的利益多得多。"[1]

邓小平认为，在调研过程中对数字要充分重视，那种走马观花、流于形式的调研，是发现不了真正的问题的，那样做不是一种对党和人民的事业认真负责的态度。1991年年初，邓小平在上海调查改革开放的情况，其间他通过对数据和速度的分析比较，发现当初确定经济特区时没有将上海划进去，使上海错过了发展的最佳时机。他诚恳地对上海的同志讲："那一年确定四个经济特区，主要是从地理条件考虑的。深圳毗邻香港，珠海靠近澳门，汕头是因为东南亚国家潮州人多，厦门是因为闽南人在外国经商的很多，但是没有考虑到上海在人才方面的优势。上海人聪明，素质好，如果当时就确定在上海也设经济特区，现在就不是这个样子。十四个沿海开放城市有上海，但那是一般化的。浦东如果像深圳经济特区那样，早几年开发就好了。开发浦东，这个影响就大了，

---

[1]《邓小平文选》（第二卷），人民出版社，1994年版，第198页。

不只是浦东的问题，是关系上海发展的问题，是利用上海这个基地发展长江三角洲和长江流域的问题。"为此他提出："抓紧浦东开发，不要动摇，一直到建成。"他强调坚持改革开放，"要用事实来证明"。[1] 邓小平同志在调查研究中，无论是宏观上的战略设计，还是微观上的抓数字、抓速度，都不仅是一种工作方法、领导方式，更是一种精神态度，充分体现了共产党人实事求是的思想路线。

三、中国共产党调查研究的特点

调查研究是中国共产党领导人民不断取得革命、建设、改革胜利的重要传家宝。回顾党在调查研究上的优良传统，我们发现，随着时间和形势的变化，社会调查研究的对象、内容、手段、条件都在不断发生变化。但是，调查研究在党的决策和领导工作中的地位与作用不仅没有发生变化，而且更加重要，并且一脉相承，这与中国共产党的调查研究始终呈现着以下特点紧密相关。

（一）调查研究始终坚持群众路线

全心全意为人民服务，是我们一切工作的出发点和归宿点。调查研究工作也不例外，在调查研究工作中，主要是面向群众来寻求真理。毛泽东始终认为，调查研究既是认识中

---

[1] 关于邓小平调查研究中间数字、算细账，参见刘金田：《求真务实 特色鲜明——邓小平调查研究方法初探》，《秘书工作》，2009 年第 9 期，第 14 页。

国社会基本情况，又是联系实际、联系群众、向人民群众负责的最基本的方式。"要搞好调查研究，就要真正联系群众。"[1]周恩来的话阐明了毛泽东调查研究理论与实践的本质。不为群众，不从群众中来、到群众中去，调查研究就成为"无源之水，无本之木"。毛泽东还把调查研究称为与群众做朋友的过程。他认为，在调查中，"主要的一点是要和群众做朋友，而不是去做侦探，使人家讨厌。群众不讲真话，是因为他们不知道你的来意究竟是否于他们有利。要在谈话过程中和做朋友的过程中，给他们一些时间摸索你的心，逐渐地让他们能够了解你的真意，把你当做好朋友看，然后才能调查出真情况来。"[2]毛泽东在调查研究中与群众打成一片有着感人的故事。他在《关于农村调查》一文中谈道："我在兴国调查中，请了几个农民来谈话。开始时，他们很疑惧，不知我究竟要把他们怎么样。所以，第一天只是谈点家常事，他们脸上没有一点笑容，也不多讲。后来，请他们吃了饭，晚上又给他们宽大温暖的被子睡觉，这样使他们开始了解我的真意，慢慢有点笑容，说得也较多。到后来，我们简直毫无拘束，大家热烈地讨论，无话不谈，亲切得像自家人一样。"

邓小平强调，群众是力量源泉，群众路线和群众观点是传家宝，如果没有深入群众的调查研究，什么样的好决策都

---

[1]《周恩来选集》（下），人民出版社，1984年版，第351页。
[2]《毛泽东文集》（第二卷），人民出版社，1993年版，第383页。

不能实现。不能脱离群众，更不能站在群众之上，要同群众同甘共苦，向他们负责。领导干部要像小学生一样虚心听取群众的意见，各级领导机关和领导干部要深入基层，调查研究，体察群众意见，关心群众疾苦，听取群众批评，精简会议和文件，办实事、求实效，把党的根本宗旨、优良作风和群众路线落实到实际行动中去。各级领导干部，必须经常深入基层，深入群众，特别是深入到艰苦的地区和困难的地方去，老老实实调查研究，老老实实听取群众的意见，老老实实改进工作，在领导改革和建设的实践中不断取得人民的支持，不断增强同人民群众的深厚感情。只有我们把群众放在心上，群众才会把我们放在心上；只有我们把群众当亲人，群众才会把我们当亲人。只有真心与百姓交朋友，摆正自己的位置，端正自己的态度，放下架子、扑下身子，调查研究才可能听到真话，了解到实情。

只有走群众路线，始终把群众利益放在首位，领导干部才能通过调查研究这项基础工作，把握群众最关心、最现实的利益问题；只有问政于民、问需于民、问计于民，领导干部才能把准群众需求的脉搏。调查研究只有真正做到一切从实际出发、理论联系实际、实事求是，真正保持党同人民群众的密切联系，才能从根本上保证党的路线方针政策和各项决策的正确制定与贯彻执行，保证我们在工作中尽可能防止和减少失误，即使发生了失误也能迅速得到纠正而又继续胜利前进。回顾我们党的发展历程可以清楚地看到，什么时候全党从上到下重视并坚持和加强调查研究，把群众利益放在第一位，什么时候党的工作决策和指导方针就能符合客观实际，党的事业就能顺利发展。而忽视调查研究或者调查研究不够，往往导致主观认识脱离客观实际、领导意志脱离群众愿望，造成的损失是无法估量的。

（二）调查研究特别重视制度化建设

我们党的调查研究非常重视制度方面的建设。[1] 调查研究是我们党各级组织的主要工作内容，也是我们党各级组织的主要工作形式，调查研究工作制度化过程是我们党调查研究理论和实践逐步成熟的标志。从历史上讲，调查研究工作的制度化来源于调查研究工作的经常化。调查研究工作经常化始于 1928 年前后，创建井冈山革命根据地时期。红四军的调查研究工作在毛泽东、陈毅等领导下已经列为通常工作，调查研究以了解社会、地理情况，以及发动群众、制定政策为目的；调查研究工作是有领导、有组织地进行的，由党政首长负责；政治部制定统一的调查表格，规定调查的基本项目。当时红四军政治部主任陈毅曾到上海向中央军委汇报过这些情况。当时主持中央军委工作的周恩来同志曾代表中共中央给红四军前委发了指示信，指出："关于调查工作应切实去做。过去有许多调查成绩，因没人统计以致放弃，甚属可惜。前委应指定专人去做，这个工作做得好，对于了解中

---

[1] 调查研究的制度化，参见李赫武：《中国共产党的调查研究工作及其传统》，《甘肃行政学院学报》，2002 年第 1 期，第 8-12 页。

国农村实际生活及帮助土地革命策略之决定有重大意义。"[1]
随着发展的需要，调查研究逐渐制度化。

我们党的调查研究工作制度化，最早在井冈山时期就
开始了，尽管还是在局部地区和只在军队政治工作中进行，
但它已经提供了制度化的雏形。1929 年 12 月的红四军第九
次代表大会通过的《关于纠正党内的错误思想》的决议，已
对调查研究作了规定，要求"党员注意社会经济的调查和研
究，由此来决定斗争的策略和工作的方法，使同志们知道离
开了实际情况的调查，就要堕入空想和盲动的深坑"。[2]1930
年 6 月，红四军政治部发布《红军第四军各级政治工作纲领》，
对调查研究工作作了详细而具体的规定，对军、纵队、支队
以及政治委员的调查研究职责都分别作了严格规定，使调查
研究工作有专人负责，有调查要求，有调查表格，有汇总机构，
有了组织上、制度上的保证。红四军的这个纲领及其被贯彻
执行，是我们党调查研究工作制度化的第一步，为以后在全
党确立调查研究制度提供了经验。1931 年 4 月，中央革命
军事委员会总政治部下发了给红军各政治部和地方政府的通
知，即《总政治部关于调查人口和土地状况的通知》。这是
第一次在全局范围内建立调查研究制度和做出具体规定。它
要求必须建立对调查研究工作的深刻认识，调查人要不怕麻
烦、端正态度，要求上级派出同志和政治部负责同志加强对

---

[1]《周恩来选集》（上卷），人民出版社，1980 年版，第 36 页。
[2] 中共中央文献研究室，中国井冈山干部学院：《毛泽东江西革命斗争时期著作选编》，中
央文献出版社，2010 年版，第 56 页。

基层调查的指导。

中国共产党调查研究工作制度的确立是在延安整风运动中。1941 年 8 月 1 日，党中央向全党发布的《中共中央关于调查研究的决定》和《中共中央关于实施调查研究的决定》两个重要文件，不仅从理论上，而且在建立调查研究制度方面作了重要的具体规定，要求在组织机构方面，从中央到地方都要建立调查研究机构，作为中央、地方机关一切实际工作的助手。1941 年 8 月 27 日，中央政治局会议正式决定设立中央调查研究局，毛泽东兼任局长。中央调查研究局的设立，对中共中央领导好全面的调查研究工作，提供了强有力的组织保障。这些调查研究的规定不仅被执行了，而且形成了检查制度。1942 年 3 月 3 日，中共中央书记处发出了《中共中央书记处关于检查调查研究决定的通知》，检查各地执行情况。通知根据中央关于调查研究决定和实施调查研究决定的精神，提出对六个方面的内容进行认真检查。这六个方面的内容不仅包括对中央决议精神的理解和执行情况，也包括采取了哪些方法使中央决议变成自己的方针，在实际工作中收到何种效果；不仅包括对建立调研机关、培养调研干部的检查，还包括是否动员了全党全军及各级机关和全体同志开始注意敌伪友我各方面的检查工作，是否将了解情况、注意政策形成党的风气。同时，还对决议中指示的七种收集材料的方法的执行情况，以及各地采取了哪些新的调查方法提出了汇报要求。

　　我们党在各个不同历史时期，都努力坚持和完善调查研究制度。1961年3月22日的中共中央《关于认真进行调查研究工作问题给各中央局，各省、市、区党委的一封信》更进一步要求各级干部"一切从实际出发，不调查没有发言权，必须成为全党干部的思想和行动的首要准则"，要求坚持调查研究工作制度和作风。2010年2月中央发出的《关于推进学习型党组织建设的意见》明确要求，建立健全调查研究制度，省部级领导干部到基层调研每年不少于30天，市、县级领导干部不少于60天，领导干部要每年撰写1～2篇调研报告。领导干部贯彻落实这一要求，可以结合党和政府的工作部署和具体政策措施的落实情况，有计划、有针对性地开展每年的调研活动，也可以结合中心任务和部门职责，就本地区、本部门经济社会发展中的难点热点问题，选择若干重点课题开展调研活动。

　　调研的制度化也包括决策之前的调查研究的制度化，即该通过什么调研程序决策的事项，就要严格执行相关调研程序，不能嫌麻烦、图省事。对本地区、本部门事关改革发展稳定全局的问题，应坚持做到不调研不决策、先调研后决策。提交讨论的重要决策方案，应该是经过深入调查研究形成的，有的要有不同决策方案作比较。特别是涉及群众切身利益的重要政策措施的出台，要采取听证会、论证会等形式，广泛听取群众意见。要在建立、完善落实重大项目、重大决策风险评估机制上取得实质性进展，使我们的各项工作真正赢得群众的理解和支持，从源头上预防矛盾纠纷的发生。调查研究制度化的益处是非常明显的。首先，使调查研究工作在无论多么困难和繁忙情况下的正常进行有了保证，这一点在战争年代尤其显得重要。其次，使调查研究工作有章可循，有法可依，有成熟的经验可以借鉴，便于调查研究工作的顺利开展。最后，使调查研究的作风易于培养，风气易于形成，易于熏陶和不断培养新的调查研究工作者。调查研究的制度化是我们党的调查研究事业不断向前发展的重要保障。

（三）调查研究始终以解决问题为导向

每个时代都有每个时代不同的问题，每个地区也有每个地区不同的问题，调查研究的目的就是发现问题、解决问题。也就是说，调查研究就是要掌握情况，发现问题，提出对策，形成正确的意见并付诸实践，以期开花结果；而不是为了写一个调研报告向上交差、刊登发表或开会交流了事。调研成果是经过艰苦工作得来的，是调研人员汗水和智慧的结晶，必须十分珍惜，重视使用，充分发挥它在领导决策、指导工作中的应有作用和社会效益。

毛泽东在《反对本本主义》中说道："我们的主要目的，是要明了社会各阶级的政治经济情况。我们调查所要得到的结论，是各阶级现在的以及历史的盛衰荣辱的情况。我们的终极目的是要明了各种阶级的相互关系，得到正确的阶级估量，然后定出我们正确的斗争策略，确定哪些阶级是革命斗争的主力，哪些阶级是我们应当争取的同盟者，哪些阶级是要打倒的。我们的目的完全在这里。"毛泽东进一步指出，"调查就是解决问题"。他把调查研究形象地比喻为"十月怀胎"，把解决问题比喻为"一朝分娩"，说明调查研究是解决问题的前提和基础，解决问题是调查研究的目的，二者是统一的过程，调查研究是工作中解决问题的一部分。邓小平也曾指出，我们现在所干的事业，马克思没有讲过，我们的前人没有做过，其他社会主义国家也没有现存经验可供借鉴，我们只能在干中学，在实践中摸索。只有把下面的意见集中起来，才能制定符合实际的政策和计划。调查研究的目的就是应对不断出现的新矛盾、新情况和新问题。社会调查研究在不同的时期针对并解决的具体问题是不同的，但是解决问题的目的性是一致的，没有目的的调查研究是没有价值的。始终坚持调查研究的实际目的性，是党的调查研究事业用之不尽的动力源泉。

习近平总书记高度重视调查研究工作，2011年11月16日他在中央党校秋季学期第二批入学学员开学典礼上的讲话中专题阐述了调查研究问题，从三方面提出要求："调查研究不仅是一种工作方法，而且是关系党和人民事业得失成败的大问题""学习和掌握正确方法，努力提高调查研究水平和成效""建立和完善制度，保证调查研究经常化"。党的十八大后出台的中央八项规定，第一条明确要改进调查研究，到基层调研要深入了解真实情况，总结经验、研究问题、解决困难、指导工作，向群众学习、向实践学习，多同群众座谈，多同干部谈心，多商量讨论，多解剖典型。党的十九大以后，他在中央政治局民主生活会上再次强调调查研究是我们党的传家宝，是做好各项工作的基本功。他要求要在全党大兴调查研究之风，推动党中央大政方针和决策部署在基层落地生根。他强调中央政治局的同志要拜人民为师，向人民学习，放下架子、扑下身子，接地气、通下情，"身入"更要"心至"，开展深入细致的调查研究，抓住老百姓最急最忧最怨的问题，解决好群众最关心最直接最现实的利益问题，真正把功夫下到察实情、出实招、办实事、求实效上。中央政治局的同志要以身作则，推动各级干部动起来、深下去，使调查研究在全党蔚然成风。

第二章

党的调查研究的作风

　　调查研究，是人们深入现场进行考察，以探求客观事物的真相、性质和发展规律的活动。调查研究是领导决策的基本前提，是开展各项工作的一个重要环节。调查研究方法的正确与否，直接关系到调查结果的准确性和领导工作的科学性。调查研究作为我们党的一项优良传统，重视调查研究是解决改革开放和推进中国式现代化建设中一系列矛盾和问题的必然要求。

　　当前，我国发展面临新的战略机遇、新的战略任务、新的战略阶段、新的战略要求、新的战略环境。世界百年未有之大变局加速演进，不确定、难预料因素增多，国内改革发展稳定面临不少深层次矛盾躲不开、绕不过，各种风险挑战、困难问题比以往更加严峻复杂，迫切需要通过调查研究把握事物的本质和规律，找到破解难题的办法和路径。面对当今国情，我们要推进"四个全面"战略布局，实现中华民族伟大复兴中国梦，需要深入进行调查研究；面对当今党情，我们要推进党的建设新的伟大工程，永葆党的生机和活力，需要深入开展调查研究。作为当代中国调查研究主体的共产党人必须拥有开展调查研究的紧迫感，深入开展调查研究，方能有所作为。习近平总书记指出，人民对美好生活的追求，就是共产党人的奋斗目标。历史的接力棒交到了新一代中国共产党人的手上。共产党人不但要和人民一道研究思考如何发展社会主义经济，创造丰富的物质财富，而且要深入调查研究如何发展社会主义文化，在事关人民群众普遍关注的重大问题和重大需求上倾注心血和汗水。每一个时代都有每一个时代的矛盾和问题，当今时代的特殊性复杂性前所未有，共产党人不可能直接照抄照搬前人解决问题的模式，也不可能躺在历史的功劳簿上坐享其成。而只能是科学研究、深入实践，创造出前人所没有提供过的新的东西，方能顺应人类社会发展规律、历史发展大势，成为历史的创造者和时代的推动者。[1]新时代下，新形势、新挑战要求我们党在继承调查研究的优良传统上，必须进一步重视和加强调查研究，进一步改进调查研究的作风，解决好人民群众最关心最直接最现实的利益问题，解决好改革发展稳定的重大问题，解决好党的建设的突出问题，时刻保持解决大党独有难题的清醒和坚定，从而不断推进新时代中国特色社会主义伟大事业的进步。

---

[1]朱永刚：《民族复兴语境下党的调查研究———基于哲学层面的多维分析》，《学术探索》，2017年第9期，第26页。

一、党在调查研究中形成一整套优良作风

调查研究是一项与作风紧密相关的事。一方面，调查研究本来就是党风建设的一个重要内容。从党的历史来看，实事求是的思想路线是在调查研究的基础上形成和发展起来的，坚持调查研究则是坚持党的实事求是的思想路线的重要表现，实事求是是党的建设特别是思想作风建设的一个重要内容，正是从这一意义上说，调查研究是党风建设的一个重要内容。毛泽东在《反对本本主义》一文中，从调查研究关系到党风、关系到党性的高度加以论述，尖锐地指出不做调查研究的主观主义是一种极坏的思想作风，是党性不纯的表现，是共产党的、民族的、人民的大敌。他说："必须努力作实际调查，才能洗刷唯心精神。"他认为，必须在全党推行调查研究计划，使调查研究成为全党干部的思想和行动的首要准则。这是克服主观主义，转变党的作风，加强党的建设的基础一环。毛泽东的这一思想丰富和发展了马克思主义的调查研究思想和党的建设的学说，在社会主义革命、建设和改革的各个时期，调查研究始终都是中国共产党的重要作风并发挥了重要作用。

另外，调查研究本身也有自己的作风。中国共产党近百年来，在调查研究上淬炼出了自己独特的、一整套的优良作风。

（一）躬亲的作风

领导干部作为调查的主体，无论职务高低，社会调查要躬亲。"欲影正者端其表，欲下廉者先立身。"一句古话点破了在党风建设中，领导干部带头做起的重要性。喊破嗓子不如做出样子，领导干部在党风建设中带头做好调查研究工作，等于为全党立起了一个标杆，树起了一面旗帜，具有其他因素无法替代的感召力和影响力。"凡担负指导工作的人，从乡政府主席到全国中央政府主席，从大队长到总司令，从支部书记到总书记，一定都要亲身从事社会经济的实际调查，不能单靠书面报告，因为二者是两回事。"并且作为调查人员，调查记录应该自己亲手记录，假手于人无法记录和反映真实的情况。最后，要亲手写报告。毛泽东写《中国社会各阶级的分析》，就是背着雨伞走街串巷，徒步很多地方才写出来的。正因为对社会各层面的各种人物都有亲身的广泛接触，所以文章才具体、生动、深刻，这也为中国的革命指出了正确的方向。

（二）深入的作风

毛泽东曾把调查研究形象地概括为"走马观花"和"下马观花"两种形式。"下马观花"式的调查，是一项艰苦细致甚至危险的工作。沉得越深，工作越实，获得的资料才越丰富；反之，如果走马观花，作风漂浮甚至心猿意马是达不到调查目的的。毛泽东指出："共产党正确而不动摇的斗争策略，决不是少数人坐在房子里能够产生的，它是要在群众的斗争过程中才能产生的。"[1]调查者一定要深入基层，深入群众，深入生产和工作的第一线。既要"身入"，更要"深入""心入"，真正沉下去，贴近群众，蹲点调查，"解剖麻雀"，察民情，解民忧。绝不能"坐着车子跑，隔着玻璃看，等在宾馆听"，力戒走马观花、浮光掠影、浅尝辄止或停留在问题表象上的所谓调研。先通知、安排，再去调研，往往是不行的。让基层同志代笔，写好了往上送，就更不行了。这样的调查有悖于调研的初衷，绝不能称其为调查。

（三）科学的作风

长期以来，党一直非常重视调查研究的科学性。调查的科学性包括两个方面。

1. 调查对象构成的科学性

首先，要考虑调查对象从事的行业。其次，要考虑调查对象的年龄构成。年龄比较大的人一般具有丰富的经验，不仅看得到表面的现象，而且明白其所以然。同时，也需要有进步思想且有斗争经验的青年的参与，他们眼光独到，观察锐利。毛泽东强调调查对象的广泛性，不能以偏概全，也不能有歧视性调查。

2. 调查对象人数与调查主体指挥能力挂钩

虽然在调查过程中，调查对象越多越容易得到比较接近

---

[1]《毛泽东选集》（第二卷），人民出版社，1991年版，第115页。

真相的调查结果，但是调查的有效程度与调查人数并不是成绝对的正相关。毛泽东将调查对象的人数与调查人员的指挥能力进行了挂钩。如果是比较善于指挥的人，调查人数可以适当增加，多至十几二十个人；如果指挥能力有限，那么调查人数就不宜太多，否则会造成秩序失控，给调查的正常进行造成困难。"但是至少需要三人"，三人成众，可以保证不会因为调查对象人数过少，调查对象的见识、知识和经历有限而影响调查结果的真实性。

（四）谦虚的作风

要谦虚谨慎，密切联系群众。邓小平同志说过，离开群众经验和群众意见调查研究，那么，任何天才的领导人也不能进行正确的领导。因此，调查者一定要有眼睛向下，放下架子，有甘当小学生的精神，真心诚意地向人民群众学习，深入群众、贴近群众、组织群众，"让群众说话"，做到听真话、察实情。那种下车伊始、乱发议论，板起面孔、不停说教的钦差大臣式的调查，基层干部和群众是很反感的，也是很难了解到真实情况的。

（五）求实的作风

调查者一定要认真负责，求真务实。调查要全面。毛泽东曾强调：必须全面地看问题，切忌片面性。克服片面性，就要既调查机关，又调查基层；既调查领导，又调查群众；既要通过汇报了解情况，又要深入一线获得感性认识。坚持多层次、多方位、多渠道地调查，防止以点代面、一叶障目。

搜集材料不能丢三落四，分析综合不能马马虎虎，推断结论不能随意捏合，反映情况来不得半点虚假，不能掺水分。要敢于秉笔直书，有一是一，有二是二。调查研究中求真务实就是大力弘扬求真务实的作风，敢于和善于听真话、听不同意见，真正了解真实情况，倾听真实声音，不回避问题，不回避矛盾，有喜报喜，有忧报忧。求实的作风还包括对群众反映强烈的问题和意见，努力寻找解决问题的正确办法并予以回应和解决，同时如实向上反映，以促进相关政策的制定、修改和完善。

（六）讲究方法的作风

方法是解决问题的桥梁，方法关系着我们工作和事业的得失成败。毛泽东曾说过："我们不但要提出任务，而且要解决完成任务的方法问题。我们的任务是过河，但是没有桥或没有船就不能过。不解决桥或船的问题，过河就是一句空话。不解决方法问题，任务也只是瞎说一顿。"[1] 在此，毛泽东非常生动地说明了方法对于我们解决问题、完成任务的重要性。在党风建设中，调查研究一贯注重方法的科学性。从宏观来看，就是坚持运用系统和辩证的方法来开展调查研究，既要善于把对象置于社会和系统的大背景下来考察，又要善于用联系的、发展的眼光，把调查对象的过去与现在联系起来，把现象与本质联系起来，全面、客观地把握

---

[1]《毛泽东选集》（第一卷），人民出版社，1991年版，第139页。

对象。从微观来看，调查研究又涉及许多具体的方法，包括实地调查、会议调查、典型调查、民主测评、走访巡视等。方法的多样性为我们提供了选择的余地，不过它也要求我们要结合实际，根据不同的场合和调查对象选择不同的调查方法，如此才能了解到真实情况，搜集到真实材料，从而取得调查实效。

（七）不怕吃苦的作风

因为调查研究本身是一项很辛苦的工作，很多领导同志在实践过程中会碰钉子。为了把问题搞清楚，在寻找调查对象的时候往往会遇到很多挫折。调查者必须不怕困难和挫折，一定要与群众同甘共苦，不能搞特殊化。我们党的调查研究一直有轻车简从、微服私访的传统，很多领导干部下基层不怕困难，不怕劳累，不怕受冷遇，经常到工厂食堂和农民家中去吃便饭。那种车轮滚滚，前呼后拥，或乘调研之机，游山玩水，走亲访友，吃吃喝喝或蜻蜓点水、跑马观花式的所谓调查，是不受欢迎的。

（八）勤奋的作风

调查者一定要做到脚勤、眼勤、口勤、手勤、脑勤。要勤于调查，勤于记录，勤于思考，勤于研究。如果懒懒散散，东抄西搬，敷衍塞责，热衷于看稿子，甚至请人"捉笔代劳"，就难以完成任务、取得实效。

二、当前调查研究中存在的问题

调查研究是我们党的优良传统，也有一整套行之有效的调查研究作风。但当前，在调查研究上我们仍然存在一些明显的问题，需要引起我们的注意。

（一）调查研究中存在的普遍问题

1. 调研意识不到位

对加强调查研究这一"大问题"，大多数同志是有正确认识的，是重视的，但也有不少同志存在着一些不正确的思想和认识。有的人认为，调研工作"过时了"，说什么"现在是讲知识、技术、信息、人才的时代"。他们认为在现代，通信技术、网络信息技术飞速发展，社会分工高度发达，领导干部的调查研究工作已经变得可有可无了，如果需要了解某一方面的情况，只要上上网、点点鼠标就行了，甚至直接委托社会上的专业机构来做就可以了，不必费力费神、亲力亲为。现在很多领导不重视调查研究，调研意识不到位，这些都是不正确的。沉下去，把基层的情况搞清楚了，把百姓的愿望搞清楚了，对症下药，才能解决问题。当前，全面建设社会主义现代化国家和全面推进中华民族伟大复兴迈上新征程，党员领导干部要深入实际进行调查研究，以便能够在实际工作中解决存在的具体问题。

2. 不善于调查研究

有的领导干部虽然在认识上对调查研究能给予一定的重视，但在实践中由于种种原因，出现了不善于调查研究的问题。一是体现在资料的收集整理上，按照辩证唯物主义和历史唯物主义的观点，任何事物都是客观存在的，不以人的意志为转移。而有些领导干部在调查研究中，不是为了使主观认识符合客观实际，而是要客观存在符合主观意识，选择性地收集相关材料，开座谈会要求基层干部和群众顺杆爬，反对不同意见。他们带着事先拟定的框框调调，按固有思维去套基层实践，不符合的就加以排斥，犯了主观主义错误。这样的调研充其量只是个人偏见，既不能充分、详细地占有材料，也不能有效地进行综合分析和科学研究，更不可能做出正确的决策。二是体现在提前定调定论上。有的领导干部在调查研究还没有进行或是正在进行但还没结束，就受到某些印象、某些评价、某些经验的影响，开始对相关问题进行定调定论，犯了经验主义错误。三是体现在调查研究方法简单粗糙。有的领导干部在调查研究中只是看看材料、听听汇报，不深入实际，不深入生活，不深入群众。这样的做法，严重偏离了调查研究的宗旨，不仅"谋事"无策、"成事"无望，而且还会严重败坏社会风气，损害党和政府的形象，引起群众不满。[1] 四是调查研究不"入情"。调查研究

---

[1]唐丕跃：《学习习近平的调查研究观 提高调查研究水平》，《陕西行政学院学报》，2015年第2期，第66页。

的一个基本事实是，无论调查问卷多么精美，调查提纲多么严谨，提问方式多么委婉，都无法替代情感在交流中的重要作用。我们要始终明白，每一个被调查的对象都是具体的有情感的人，而不是一个个抽象的数据样本，只有长时间用真心去对待他们，才能得到他们坦诚的回应。现在有的干部调研，摆架子，不走心，难以获得群众的接受和认可。

3. 不抓紧抓实调查研究

在现实中，有的干部认为调查研究工作"可以放一放，让一让"，说什么"现在搞经济建设忙得很，哪有心思和时间搞调查研究！"把调查研究工作与经济建设对立起来。具体来说，有的领导干部在改革发展潮流滚滚向前的时代大势之下，却甘当"太平官""逍遥官"和"庸官"，忧患意识、危机意识、责任意识、使命意识不强，对调查研究不抓紧或者虽抓但不紧，又或者虽紧但不实，"抓而不紧，等于不抓"[1]"抓而不实，等于白抓"[2]。因为这对解决重大现实问题是毫无益处的。抓紧抓实，就是领导干部要紧紧迫迫、忙而不乱、实实在在地做好调查研究工作，要满怀热情与激情，以时不待我的紧迫心态去认真学习、去调查研究情况、去科学决策部署、去督促检查落实。有的人把调查研究当作动动嘴皮子、做做样子，这就违背了调查研究的初衷，也得不到实在的效果。

---

[1]《毛泽东选集》（第四卷），人民出版社，1991年版，第1442页。
[2]《江泽民文选》（第二卷），人民出版社，2006年版，第482页。

（二）大力反对调查研究工作中的官僚主义和形式主义

官僚主义和形式主义是不良作风。反对官僚主义，始终是中国共产党面临的重大课题。在党的历史上，尤其是我们党成为执政党以后，不断受到官僚主义的侵扰，以致多次明确提出将"反对官僚主义和形式主义"作为某个时期的主要任务，足见对官僚主义和形式主义的问题不可等闲视之。

官僚主义和形式主义是权势的产物。1956年，邓小平针对党内存在官僚主义的问题指出："必须有系统地改善各级领导机关的工作方法，使领导工作人员有足够的时间深入群众，善于运用典型调查的方法，研究群众的情况、经验和意见，而不是像现在这样，把绝大部分时间用在坐办公室、处理文件、在领导机关内部开会上面"；要"防止领导机关官僚化的危险"。[1] 因此，要在全党大改调查研究之风，转变作风。

当前，调查研究工作中的官僚主义和形式主义有很多表现。具体来说有这么几大类。

①浮萍式调查研究。有的领导像一片浮萍漂浮在水面，随波逐流，不深入基层，不深入群众，从高楼深院到县、乡机关大院，只是挪了一下屁股，换了一把椅子。他们只是在干部圈子里兜来兜去，而且是走马观花，浮光掠影，浅尝辄止，看到点表象就觉得是实质，瞧到点个案就当成普遍，挂一漏万，难成气候。

---

[1]《邓小平文选》（第一卷），人民出版社，1994年版，第223页。

②折腾式调研。调研无主题，无的放矢，随心所欲，到处游荡，忽东忽西，要这要那，计较接待标准，挑剔下面礼数。而且警车开道，一路绿灯，威风八面，惊扰百姓，忙坏基层。"下基层"变成"吓基层""乱基层"，基层干部苦不堪言，老百姓怨声载道。

③抢功式调查研究。白鸽子喜欢往亮处飞，哪里有先进典型，哪里领导就扎堆成患。各路人马争先恐后，谁都想在第一时间拿到典型事迹，抢摘"桃子"，往脸上贴金，邀功请赏。而对落后地区、经济欠发达地区，则很少光顾。即便去了，也是蜻蜓点水，行色匆匆，做个样子。

④作秀式调查研究。把调研变成作秀，打几句官腔，摆几个造型，握几下手，追求报纸上有名，电视中有影，广播里有声，营造政绩，包装形象。

调查研究中的官僚主义和形式主义不乏案例。上级领导来调研了解基层情况，推动工作开展，这对基层原本是好事。然而，在个别地方，一些领导干部下基层调研正日益演变为基层干部、群众的负担。每到一地，基层都要事先精心选择企业，确定路线，有的企业不堪其扰。有的调研数据"注水"、情况失真，得不到基层的第一手资料。调研失真的危害性很大，容易把实情挡在"线"外，造成做决策、定政策与基层现实不符，不利于实际问题的解决，最终妨碍党的路线方针政策的贯彻执行。这样的调研，不仅不能解决问题，反而影响党的作风和形象。习近平总书记对一篇《形式主义、官僚主义新表现值得警惕》的文章做出批示强调："纠正'四风'不能止步，作风建设永远在路上。"

党的十八大以来，面对党内存在的种种问题和弊端，党中央从整治党内存在的形式主义、官僚主义、享乐主义和奢靡之风等突出问题抓起，持之以恒正风肃纪，党风政风明显好转。经过五年整治，"四风"问题中享乐主义、奢靡之风基本刹住，但形式主义、官僚主义一定程度上仍然存在。对当前在调查研究中存在的官僚主义、形式主义不良风气必须坚决予以纠正。

三、不断提高调研水平与实效的路径

回顾党在调查研究工作中的实践与成就，特别是学习习近平总书记有关调查研究的重要论述，我们要从如下几方面把调查研究工作做好。

（一）不断提高对调查研究要"始终坚持"和"不断加强"的认识

习近平总书记认为，"领导干部不论阅历多么丰富，不论从事哪一方面工作，都应始终坚持和不断加强调查研究"[1]，并专门对此作了深刻分析：一是领导干部所肩负的任务是不断变化的，完成了原有任务，又面临新任务的挑战，需要重新学习和开展调查研究。二是在具体实践中，领导干

[1] 习近平：《谈谈调查研究》，《学习时报》，2011年11月21日，第1版。

部要不断地进行新老交替和调换工作岗位，即便是回到曾经
熟悉的工作环境和工作岗位，也还需要重新调查了解新情况，
不能刻舟求剑。三是客观事物总是在不断发展变化，尤其是
在世界百年未有之大变局加速演进和科学技术突飞猛进的条
件下，国内外形势更加复杂多变，新问题新矛盾经常出现，
领导干部面临着"本领恐慌"，老办法不管用，新办法不会
用，软办法不顶用，硬办法不敢用。这时，必须善于从调查
研究中找到解决问题的新思路新举措。可见，客观事物、客
观形势和客观环境总是在不断发展变化的，调查研究当然不
是一劳永逸的，而是永无止境的。我们必须坚持用发展的观
点来看待被调查的事物，不断在调查研究中发现新情况新变
化新问题，积极应对形势发展变化提出的新课题新挑战，从
而达到认识与实践的统一，这就是坚持了辩证法。

（二）始终把"调查"和"研究"紧密结合起来

调查研究是由"调查"和"研究"两个环节组成的，
二者紧密联系、互相渗透，是一个有机整体，调查是基础，
研究是关键。习近平总书记在分析领导干部开展调查研究
的实际情况后指出，"有调查不够的问题，也有研究不够
的问题，而后一个问题可能更突出"[1]。调查是人们获得
感性认识的阶段，通过调查可以掌握大量素材，了解事物的
历史和现状。但是，这仅仅是原料，还不是成品，还不能仅

---

[1] 习近平：《谈谈调查研究》，《学习时报》，2011 年 11 月 21 日，第 1 版。

以此来认识事物的本质。因为通过调查获得的大量感性材料中，往往是真伪并存、粗精混杂、彼此相隔、表里莫辨。对此，习近平总书记一直强调调查研究的关键是在调查后要善于研究，把大量和零碎的材料加以系统化、条理化，做到去伪存真、去粗取精，由此及彼、由表及里，从而透过事物的现象看到本质和找出内在规律，将感性认识上升为理性认识，才能在此基础上做出正确的决策。可见，习近平总书记正确认识和处理好"调查"和"研究"的关系，体现了在实践的基础上感性认识和理性认识的统一，是马克思主义认识论原理在调查研究工作中的具体运用，是科学的认识方法和工作方法。

（三）始终把实地调查放在第一位

习近平总书记指出："领导干部要带头调查研究，拿出一定时间深入基层，特别是主要负责人要亲自主持重大课题的调研，拿出对工作全局有重要指导作用的调研报告。为什么要强调各级领导机关的主要负责人亲自下去做调查，亲自主持重大课题的调研呢？因为对各种问题特别是重大问题的决策，最后都需要主要负责人去集中各方面的意见由领导集体决断，而主要负责人亲自做了调查研究，同大家有着共同的深切感受和体验，就更容易在领导集体中形成统一认识和一致意见，更容易做出决定。"[1] 在调查研究中，要克服兵

---

[1] 习近平：《谈谈调查研究》，《学习时报》，2011 年 11 月 21 日，第 1 版。

马未动，通知、电话先到的做法。这种做法利少弊多，既打乱了下面的正常工作秩序，一级陪一级，造成了一些不必要的人力、物力和财力的浪费，又助长了一些诸如务虚不务实、唯上不唯下等不良风气。我们搞调查研究，应根据实际需要，事前不发通知、不打电话，直接深入生产第一线，从广大群众那里掌握第一手材料，只有这样的调查研究才会得到合乎客观实际的正确结论。另外，要由层层听汇报为主转向实地调查为主。汇报者并不一定就是实践者。通过层层汇报，一传十，十传百，难免走样，甚至把本来是正确的东西误传为错误的东西。同时，汇报者为了维护自身利益，对所辖范围内的好事添油加醋，越说越好，而对所辖范围内的问题却又大事化小、小事化了。因此，层层听汇报，是不可能掌握真实情况的。而直接深入实地调查，既可以准确地掌握第一手材料，为正确决策提供可靠的依据；也可以密切干群关系，增强我党的凝聚力和号召力，提高党在群众中的威望；还能有效地阻止形式主义，说假话、说空话等不良风气的蔓延。[1]实地调查，躬身调研，是调查研究无往不胜的一大法宝，新时代，我们一定要坚持好。

四、切实改进调查研究的作风

目前形式主义、官僚主义在一定程度上仍然存在，在一

[1]牛正田：《谋事之基在于调查研究——学习习近平〈谈谈调查研究〉的体会》，《中共银川市委党校学报》，2012年第1期，第19页。

些地方和单位上问题还比较突出，主要有十种表现。其中有一种表现就是在调查研究方面，有的单位搞形式、走过场，像打造旅游线路一样打造"经典调研线路"，无论什么调研主题，去的是同一条路线、访的是同一批对象、听的是同一套说辞，搞"大伙演、领导看"的走秀式调研。类似这样的调查研究中的形式主义表现还有不少。从以往存在的问题来看，"四风"之弊渗透在调研过程中。比如，有的地方喜欢搞形式讲排场，调研缺乏统筹谋划和科学安排，陷入了"一窝蜂"。一些人成群结队来到基层，一眼看去是车水马龙、人来人往，你方唱罢我登场，搞得基层单位应接不暇、疲于奔命。这既耽误了基层单位工作，又浪费了公共资源，还严重影响了党和政府形象。敲锣打鼓、虚张声势、沽名钓誉的形式主义，严重背离了党的群众路线。不为群众办实事、谋实利，不仅会让各方面工作垮下来，而且会在群众中造成不良影响，为群众所痛恨，损害群众的积极性和党的威信，削弱群众对党的信任。由此可见，必须坚持作风建设永远在路上。在调查研究中我们要贯彻党的思想路线和群众路线，严格执行中央八项规定及其实施细则精神，持之以恒地反对形式主义、官僚主义。

（一）调查研究要发扬密切联系群众的作风

习近平总书记指出："作风问题核心是党同人民群众的关系问题。加强作风建设，必须坚持马克思主义群众观点、贯彻党的群众路线，把出发点和落脚点归结到实现好、维护好、发展好最广大人民根本利益上来"。任何时候我们都要牢记，人民群众是历史的创造者，是推动历史发展的决定力量。党员干部在调研中一定要坚持把党和人民的利益放在第一位，树立以人民为中心的调研导向，不断强化全心全意为人民服务的宗旨意识。保持党同人民群众的血肉联系是一个永恒课题，党必须坚持群众路线，密切联系群众，广泛听取人民群众的意见，只有这样，才能建立起良好的作风，汇聚起磅礴力量，共同建设中国特色社会主义。

群众是我们工作的根基，群众是智慧之源、力量之源。调查研究与党的群众路线有着本质的内在联系。这就要求党在决策、执行政策的过程中，必须坚持调查研究，努力在调查研究中真正深入群众，情系群众，更好地满足人民群众的期待和需求。深入调查研究，就要坚持党的群众路线。坚持群众路线实际上就是要坚决贯彻一切为了群众、一切依靠群众，从群众中来、到群众中去的基本方针，实质就是要做到密切联系群众。只有始终牢记"我是谁""为了谁""依靠谁""乐民之乐、忧民之忧"，把群众当成亲人，做到思想上尊重群众，情感上贴近群众，扑下身子深入群众，及时了解和掌握群众的所思所想所急所盼，着力解决群众反映强烈的突出问题，才能确保党中央的决策部署落地生根，巩固党同人民群众的血肉联系。调查研究本身就是接地气的工作，是贯彻群众路线的具体实践。坐在办公室里想想都是困难，到基层看看全是办法。习近平总书记强调，接地气很重要，上面机关的同志尤其要注意解决接地气问题。调查研究直接与基层群众面对面打交道，有利于培养和建立对群众的感情，而且这种感情是双向的、互动的，能够产生倍增效应。从这个意义上讲，调查研究不仅是一种工作方法，更是群众立场、群众观念、群众感情的直接体现。如果只是身下心不下、人到情不到，那么就很难走进群众心里，调研出真实情况。正如习近平总书记讲的，感情是一个非常本质的东西，不带着感情去做接地气的动作，就是作秀，带着感情去做事，群众感受就不一样。他强调，各级领导干部要深入基层调查研究，亲近群众，联系群众，服务群众。

中国特色社会主义进入了新时代，要解决人民日益增长的美好生活需要和发展不平衡不充分的问题，就需要从深入群众调查研究入手，才能破解发展难题。要应对新时代新征程前进路上的风浪考验，就要把情况摸清楚、把问题摸清楚。深入基层、深入群众、深入脱贫攻坚第一线，深入实际、深入基层、深入群众，问智于民、问计于民，才能取得真经。我们要善于从群众中汲取智慧，带着感情下去，才能深入群众，倾听民情民意，把老百姓的呼声和疾苦纳入决策谋划之中。要主动调研、深入调研就必须放下架子、沉下身子，深入群众中，亲自看、亲自问，了解实情，这样才能听到实话、获得真知，做出符合实际的判断和决策。这就要求我们不仅要"身入"基层，更要"心到"基层，做到"心随身入"，也要练就从群众的"后院"和"角落"里发现问题的本领。

要善于发动基层和群众,还要通过给一线部门和岗位出题目、留作业,激发和促进群众提出建设性的意见和建议。调研过程中要求实、求细、求准,唯有持续提升我们看问题的眼力、谋事情的脑力、察民情的听力、走基层的脚力,才能在新时代有力推进理论创新、实践创新、制度创新。

信息网络化时代,为我们开展网上调查、掌握网络社情民意、获取信息提供了很多便利之处。我们可以充分把握现代社会信息网络化的特点,进一步拓展调研渠道,走网络群众路线,如利用手机、互联网调研,但仍要深入开展问卷调查、统计调查、抽样调查等。"键对键"的网上调研,不能代替"面对面"的走访、蹲点、抓典型等传统调查方法。要把微观调查和宏观调查、定性分析和定量分析结合起来,更有效、更准确地把握问题,进一步提升调查研究的针对性、实效性和科学性,为研判形势、做出决策提供坚实基础,从而完成好我们所承担的任务和使命。

(二)调查研究要发扬实事求是的作风

目前,有的地方在调查研究中,预设框框、回避矛盾、华而不实等问题突出;有的党员、干部不愿或不会调查研究,只按规定路线走马观花,看精心准备的样板,听照本宣科的汇报,搞盆景式调查、花架子研究。有的调研问题导向不突出,蜻蜓点水式地走走看看调研多,蹲点式、"解剖麻雀"式的调研少;看样板、典型多,看落后地区、困难地区的调研少;听成绩汇报多,研究矛盾问题的调研少。有的地方对工作不重实效重包装，把精力都放在"材料美化"上，一项工作刚开始就急于总结成绩、宣传典型，搞"材料出政绩"。现在有些调研走马观花，看不到真实情况，听不到真实意见；有些调研总结经验多、触及问题少，报喜多、报忧少；有些调研先入为主，带着结论去调研，而不是依据客观事实形成基本判断。少数党员干部下基层调研往往"被导航"，听不到真话、看不到真相，被形式主义蒙蔽；调研对象背台词，常常言不由衷，被官僚主义所累。这些表现的共性是"虚""空""假"，场面上轰轰烈烈，实际上空空洞洞、虚头巴脑，中看不中用。这些有调查无研究、有研究无方案、有方案无实施、有实施无效果的伪调查研究，非但不能发现问题、解决问题，反而会增加决策失误的风险。这都不是实事求是的态度，都是与调查研究的本意相背离的。形式主义是十分有害的。凡此种种，都让调研漂浮在表面，发现不了真问题，也就难以为科学决策、干事创业提供正确参考。只有沉下去，才能得到实情。我们开展调查研究，必须大力弘扬求真务实的作风，敢于和善于听真话、听不同意见，真正了解真实情况，倾听真实声音，不回避问题、不回避矛盾，既报喜又报忧。当前，我国改革发展已进入新时期，各个方面都还面临着很多问题和矛盾，带着问题进行基层调研是我们攻坚克难、攻城拔寨的"法宝"，也应该成为干部工作的一种常态。

我们党的思想路线是实事求是。形式主义与党的思想路线背道而驰。调查研究的本意就是指人们深入现场进行考察，以探求客观事物的真相、性质和发展规律的活动，研究事物的总的特征。只有深入实际、深入群众开展调查研究，才能真正认识和了解客观事物运动变化的规律，才能从现象到本质、从感性到理性、从特殊到一般，才能发现真理、掌握真理、运用真理。

求真务实、实事求是是我们党的优良传统，也是今天需要进一步发扬的好作风。实事求是是调查研究的基本原则。习近平总书记指出："在调查研究中能不能、敢不敢实事求是，不只是认识水平问题，而且是党性问题。"[1]调查研究就要解放思想、实事求是、与时俱进、求真务实。善不由外来，名不可虚作，调研就是这么一个锤炼务实作风的考场。要紧扣党中央关注、人民群众反映强烈、事关经济社会发展全局的重大理论和现实问题开展调查研究，大力改进调研作风，深入基层一线摸实情、察民情、讲实话、鼓实劲、办实事、求实效，要认真总结规律，为科学决策、破解难题、改进工作提供依据，真正把中央的路线方针政策不折不扣地贯彻落实好。

正确的决策来源于对客观实际的周密调查研究。凡事一旦脱离实际、不调查，搞主观主义、经验主义就注定会失败。坚持调查研究、一切从实际出发，是我们党取得成功的一大

---

[1]《习近平总书记系列讲话精神学习读本》课题组：《习近平总书记系列讲话精神学习读本》，中共中央党校出版社，2013年版，第139页。

法宝，是我们必须坚持的一条铁的纪律。调查研究的过程就是科学决策的过程，千万省略不得、马虎不得。调查研究隔层纸，政策执行隔座山。理论联系实际的交会点不在单纯的理论认识中，不在盲目的实践中，而在"有的放矢"的调查研究活动中。调查范围要尽可能宽，调查对象要尽可能多，调查内容要尽可能深。调查研究中要尽量多侧面、多角度了解，既要解剖典型，又要了解全局；既要到工作局面好和先进的地方总结经验，又要到困难较多、情况复杂的地方去研究问题；既要看"门面"和"窗口"，又要看"后院"和"角落"。一线调研不妨随身携带地图作指南，不打招呼、不要陪同，下马观花，直接进村入户，不看"盆景"看"实景"，不看"表演"看"实情"，不听"套话"听"实话"，以求真务实、亲民为民的思想内涵确保调研取回"真经"。

（三）要有问题意识，着力解决实际问题

调查研究是为了真正发现问题，切实解决问题，是为了指导工作，是一项目的性很强的活动。因此，必须强化问题意识、坚持问题导向，带着问题下去，才能有的放矢、集中精力钻研摸透一些现实问题，避免漫无目的，四处闲逛。带着责任下去，才能发现工作上的不足和短板，积极思考改进提高的办法。因此，调查研究必须首先明确为什么调研、调研什么、怎么调研等问题。调查研究一般有两类，一是问题类调研，主要是摸清问题，有针对性地提出对策建议；二是经验类调研，主要是总结典型，用典型指导面上工作。无论

哪一类调研，都需要我们事先做足功课，制订详细调研方案，提前作些了解和准备，真正带着问题下去、带着答案回来。

善于调研就要"带着问题"。调研的首要目的，就是发现问题、分析问题、解决问题。不善于带着问题开展基层调研，就会东一榔头西一棒，调研后头脑一片空白。只有带着问题才有目标、才有方向。带着问题下去调研，到基层去看个究竟，到群众中去寻找答案，然后才能科学决策。

调查研究要深入，不能停留在事物表面。通过调查掌握大量素材，这仅仅是原料，不是成品，还需要在系统地分析、研究、提炼上狠下功夫。我们下去调研，首先看到的只是一些现象，而且个别现象也未必是真实的，也可能是假象。要善于透过现象看本质，调查要全面，研究要深入。要多做一些追根溯源的工作，既要弄清楚是什么，也要多分析为什么、怎么办。要在感性认识的基础上，对事物进行理性的思考、规律的把握、理论的提升，这样才能真正出好的、有价值的调研成果。

调查研究的目的是解决问题、化解矛盾。改革越深化，情况就越复杂。只有通过调查研究，才能摸清具体情况，才能分辨轻重缓急，部署好先后顺序。只有深入基层、了解实情，扎实细致开展调查研究，才能找出问题症结，开出管用良方，才能抓住和解决人民群众最关心最直接最现实的利益问题，让改革、发展、稳定各项任务落下去，让惠及百姓的各项工作实起来，推动党中央大政方针和决策部署在基层落地生根、开花结果。

（四）调查研究要注重成果转化

深入实际进行调查研究，由此制定和执行正确的路线方针政策，是我们党领导革命、建设、改革的基本工作方法和成功经验，也是我们党的优良传统和作风。忽视调查研究或者调查研究不够，往往导致主观认识脱离客观实际，决策方案脱离群众愿望。全党必须努力建立和完善调查研究制度，真正使调查研究工作成为各级领导干部自觉的、经常性的、常态化的工作，并贯穿党的决策的全过程。调查研究的目的在于应用，在于解决实际问题。成果转化、产生实效是调研工作的落脚点。在注重调研的同时，还要注重提高调研成果的转化率，使其及时转化为现实生产力。切实避免出现理论和实际、形式和内容、调研和应用"两张皮"现象。调研报告形成之后，不能把它束之高阁，而应当重视调研成果的转化应用，使之进入决策阶段。这就要求，调研内容要有全局性，分析问题要有针对性，经验启示要有指导性，对策建议要有可操作性。现在的问题，一是有的调研成果质量不高，大而化之，提不出有见地的东西；二是有的调研成果质量比较高，但不注重成果的运用。因此，需要建立和完善调研成果转化的有效载体和渠道，加大优秀调研成果的宣传推介，积极开展多层次的调研成果交流活动，推动调研成果更好地转入决策程序，在相关政策制定中得到采纳，发挥其应有作用。

切实改进文风，提高调研质量。有的地方写文件机械照搬照抄，出台制度规定"依葫芦画瓢"，内容不是来自调查研究，而是源自抄袭拼凑。不从实际出发，单从表面上、形式上去估量情况，只讲一般原则、提空洞要求，却不拿出正确、管用的办法。这严重背离了党的思想路线。因此，最根本的是要端正思想。调查研究就是要深入实地，求真问题、去伪命题，拆花架子、建连心桥，摈弃仅仅做文章、写报告的表面化方式，真正取得提对策、拿方案的实际效果。如何写好调查报告，也是调查研究工作中需要重视的一个问题。调查报告的质量不在长，而在精。有的调查报告洋洋万言，但空话套话多、实话新话少，缺乏鲜活生动的事例，缺乏有说服力的数据，缺乏有见地的建议，这样的调研成果很难进入决策。我们写调查报告，要倡导朴实的文风、简洁的文笔，用事实说话、用数据支撑，真正使调研成果有理有据、观点鲜明、对策扎实，能够更多地进入决策阶段，从而指导工作。

第三章

党政工作调查研究的基本理论和方法

马克思主义哲学认为，人的认识经过感性认识到理性认识，感性认识是认识的低级形式，理性认识是认识的高级形式，感性认识应上升成为理性认识。而所谓"调查"，就是走出机关、深宅大院，直面现实，接触实际，了解实践，大量地获取感性认识。所谓"研究"，就是对调查中获取的感性认识进行思维加工，形成新的概念、判断和推理，把握事物的本质、全体和内部联系，提出正确主张，上升为理性认识。毛泽东同志指出："没有调查就没有发言权"，"不做正确的调查同样没有发言权"。因此，要搞好调查研究，就必须掌握调查研究的基本理论和方法。

一、调查研究的分类和结构

何谓"调查研究"？从字源学上看，"调查研究"的"调"是计算、算度；"查"是巡检考察；"研"是琢磨、审查；"究"是巡究问底。现在一般认为，调查就是"求实"，即了解客观存在着的一切事物，掌握实情；研究就是"求是"，即探求客观事物的本质和发展的规律性。因此，所谓"调查研究"，就是调查者在马克思主义理论指导下，运用科学的方法和手段，根据社会发展过程中提出的课题，有目的、有计划地对某一社会问题或现象进行了解分析，以获得某种规律性认识的过程。调查研究是进行科学研究的重要途径，同时也是开展党政工作的重要方法。搞好调查研究，是党委、政府领导干部的基本功。

（一）调查研究的分类

调查研究从方式或手段上讲，分为文字调研（间接调研）和实地调研（直接调研）两种基本类别。这两种调研，一方面互相区别：前者侧重事物的过去，更理性，也更接近事物的本质；后者侧重事物的现在，更生动，更新鲜。另一方面又互相联系：二者互为补充，共同构成一个完整的调研系统，担负着对特定事物的认识任务。成功的调研活动往往是这两种调研的有机结合。

党政干部由于自身所处位置和担负的使命，所进行的调研通常与决策有关，在某种意义上皆可看作决策调研。因此，党政工作调查研究从内容上分，主要包括以下几类。

1. 对战略问题的决策调研

战略问题是关系全局、长远的问题，如一个时期内指导全局的总方针、总计划。在新的历史条件下，各级党委、政府都要重视运用新的观点、方法，对经济和社会发展战略进行深入、系统、全面的再认识再研究。

2. 对重大问题的决策调研

重大问题指具有全局性、综合性的问题。如当前的农民增收、脱贫攻坚、国企改革问题。对这些问题，中央有清楚、明确的方针政策，这一政策的关键是狠抓落实。如何落实，需要因地制宜，这个"宜"字就是一切从实际出发。这就要求党政干部通过调研来解决，找出符合当地实际的具体措施和路子。

3. 对热点问题的决策调研

群众反映的热点问题，是深化改革过程中新旧机制矛盾的显露。这些问题关系到人民群众的切身利益，关系到社会的稳定，关系到改革的深度和力度。党政干部要围绕热点问题加强调研，多深入基层，认真了解群众的所思所想、所喜所忧、所爱所恶、所期所盼，找准问题症结，开出正确药方。

4. 对苗头性问题的决策调研

抓住了苗头性、趋势性问题，就能对事物的发展趋势做出科学判断，做出驾驭局势的正确决策，把握当前和将来工作的主动权。党政干部在做好当前工作的同时，要注意调研下一步即将提上议事日程的重大问题，力求走一步，看两步，想三步。

5. 对典型问题的决策调研

典型经验往往反映事物发展和社会进步的方向。一个好典型就是一面旗帜，一种精神，一条发展路子。党政干部应该善于发现、总结和推广先进典型经验，以推动本地经济社会发展。[1]

为深入学习贯彻习近平新时代中国特色社会主义思想，全面贯彻落实党的二十大精神，党中央决定，在全党大兴调查研究，作为在全党开展的主题教育的重要内容，推动全面建设社会主义现代化国家开好局起好步。2023 年 3 月中共中央办公厅印发的《工作方案》强调指出，在全党大兴调查研究，要紧紧围绕全面贯彻落实党的二十大精神、推动高质量发展，直奔问题去，实行问题大梳理、难题大排查，着力打通贯彻执行中的堵点淤点难点。《工作方案》要求，各级党委（党组）要立足职能职责，围绕做好事关全局的战略性调研、破解复杂难题的对策性调研、新时代新情况的前瞻性调研、重大工作项目的跟踪性调研、典型案例的解剖式调研、推动落实的督查式调研，突出重点、直击要害，结合实际确定调研内容。主要是 12 个方面。

（1）贯彻落实党中央决策部署和习近平总书记对本地区本部门本领域工作重要指示批示精神的主要情况和重点问题。

（2）贯彻新发展理念、构建新发展格局、推动高质量发展中的重大问题，推进高水平科技自立自强，扩大国内需求、深化供给侧结构性改革、建设现代化产业体系、落实"两

---

[1] 张清，张久萱：《关于领导干部调查研究的若干理论思考》，《理论与改革》，2002 年第 2 期，第 39 页。

个毫不动摇"、吸引和利用外资，全面推进乡村振兴中的主要情况和重点问题。

（3）统筹发展和安全，确保粮食、能源、产业链供应链、生产、食品药品、公共卫生等安全，防范化解重大经济金融风险中的主要情况和重点问题。

（4）全面深化改革开放中的重大问题，重要领域和关键环节改革、推进高水平对外开放中的主要情况和重点问题。

（5）全面依法治国中的重大问题，完善中国特色社会主义法律体系、推进依法行政、严格公正司法、建设法治社会等主要情况和重点问题。

（6）意识形态领域面临的挑战，推进文化自信自强、建设社会主义文化强国和新闻舆论引导、网络综合治理中的主要情况和重点问题。

（7）推进共同富裕、增进民生福祉中的重大问题，巩固拓展脱贫攻坚成果、缩小城乡区域发展差距和收入分配差距的主要情况和重点问题。

（8）人民最关心最直接最现实的利益问题，特别是就业、教育、医疗、托育、养老、住房等群众急难愁盼的具体问题。

（9）牢固树立和践行绿水青山就是金山银山理念方面的差距和不足，推进美丽中国建设、保护生态环境和维护生态安全中的主要情况和重点问题。

（10）维护社会稳定中的重大问题，防灾减灾救灾和重大突发公共事件处置保障短板，处理新形势下人民内部矛盾和强化社会治安整体防控的主要情况和重点问题。

（11）全面从严治党中的重大问题，落实党的领导弱化虚化淡化、党组织政治功能和组织功能不够强，干事创业精气神不足、不担当不作为，应对"黑天鹅""灰犀牛"事件和防范化解风险能力不强，形式主义、官僚主义，特权思想和特权行为等重点问题。

（12）本地区本部门本单位长期未解决的老大难问题。

（二）调查研究的结构

从结构上看，一项完整的党政工作调查研究通常由六个要素构成。

1. 调研目的

人是价值动物，人的活动都有一定的价值追求即目的。调查研究作为人类认识世界的主要形式，是服务于人们改造世界的社会实践的，要取得满意效果，须重视调研目的的确定。从一定意义上讲，调研目的的正式确定，既是整个调研活动的开始，又标志着整个调研活动有了灵魂。

2. 调研主体

调研主体可以是自然人，包括专业人员和非专业人员，也可以是由党政机关组织的调研群体。调研主体素质状况如何，体现在政治素质、文化素质、业务素质、文字表达能力等方面，在很大程度上决定着调研的水平和质量。要获得高质量的调研成果，就必须重视提高和优化调研主体的人员构成、知识结构和专业结构。

3. 调研客体

调研客体是针对特定目标而选定的客观事物，调研客体必须是客观存在的事物，对它的选择要有客观性、代表性和价值性。调研客体的选定与调研目的直接关联。调研客体的选定，如同选矿一样，选准了，可以相对轻松地挖掘出丰富的矿藏；选不准，就可能劳民伤财，一无所获，得不偿失。

4. 调研过程

调研的学问大都包含在调研的过程与方法中。没有调研过程和方法，只满足于看有限的书面材料，不参加实际的调研过程，算不上真正的调研。任何调研都是在一定的时空内进行的，没有这一客观过程，就不可能认识客观事物。严格说来，只有直接接触调研客体，掌握第一手材料，经历调研全过程，包括由感性认识上升到理性认识的过程，提出问题、分析问题、拿出解决问题的办法的过程，才称得上做了一项完整的调研工作。

5. 调研方法

调研方法是在调研过程中采用的主要手段和途径。调研方法有很多，概括起来有两种最常见：一种是传统经验型调研方法，如开调查会等。一种是现代科学型调研方法，即把一些现代科学理论知识和技术运用于调研之中，如抽样调查、电脑模拟调查等。调研方法妥当与否，在相当程度上决定调研的成败。把调研方法在调研报告或文章中加以强调和说明，常常有助于增强调查报告和文章的客观性、可信性和说服力。

6. 调研结果

调研的目的是解决问题，不是为调研而调研。没有结果的调研毫无价值，从严格意义上讲不能称为调研。调研结果通常有三层含义：一是对调研客体有清晰明确的认识和结论。二是提出解决问题的对策和办法。三是把调研所得用文字表达出来，写成调研报告或论著等，用以推广经验、总结教训、指导工作、提供决策依据。

需要特别指出的是，一项调研，一般必须具备调研目的、主体、客体、过程、方法、结果这六个要素。这些要素各自具有特定功能，在调研客观事物的过程中相互作用，形成一个稳定的系统。若六个要素的选定和运作都呈良性状态，那么最后必定会出现有重要价值的调研成果。[1]

延伸阅读："没有调查，就没有发言权"[2]

毛泽东在领导中国革命和建设的实践中，十分重视调查研究。对此，他有许多精辟的论述，"没有调查，就没有发言权"便是其中之一。

大量的调查研究，成为毛泽东实践创新和理论创新的源泉。

1917年暑期，毛泽东邀同学萧子升游历了长沙、宁乡、

---

[1]张清，张久萱：《关于领导干部调查研究的若干理论思考》，《理论与改革》，2002年第2期，第40页。
[2]延伸阅读均来自已发表文章，选入本书时有删改，全书同。——作者注

益阳、沅江、安乡五县农村,广泛接触社会生活。1918年夏,他又同蔡和森到益阳、沅江、岳阳、汉寿等地农村进行半个多月的实地考察。在面对是否出国留学的问题时,毛泽东选择留在国内。1920年3月14日,他在给周世钊的信中表示:"吾人如果要在现今的世界稍为尽一点力,当然脱不开'中国'这个地盘。关于这个地盘内的情形,似不可不加以实地的调查及研究。"由于毛泽东重视社会实践,因此,当他阅读了马列主义著作后,就能很好地把它同中国革命实践结合起来,解决中国革命问题。

革命战争年代是毛泽东调查研究用心、用时颇多的时期。1927年1月,为了回击当时党内外对于农民革命战争的责难,毛泽东用32天时间深入湖南湘潭、湘乡、衡山、醴陵、长沙5县农村,全面考察农民运动,搜集了大量的第一手材料,写成了《湖南农民运动考察报告》。同年11月,他又到江西永新、宁冈两县进行广泛的社会调查。毛泽东对这7个地方的调查成果非常重视,但是,这些调查材料都没能保存下来。对此,毛泽东十分痛惜。他说:"失掉别的任何东西,我不着急,失掉这些调查(特别是衡山、永新两个),使我时常念及,永久也不会忘记。"1930年,毛泽东深入寻乌、兴国等地调查研究,对农村的群众生活、政治组织、地方部队、土地状况、农村各阶级的面貌等做了详尽了解,写出了《寻乌调查》《兴国调查》《东塘等处调查》《长冈乡调查》《才溪乡调查》等具有重要价值的调查报告。在此基础上,毛泽东创造性地提出了农民问题与中国革命关系的一系列思想。

新中国成立后，面对一穷二白的局面，毛泽东号召全党继续保持和发扬革命战争年代的优良传统，深入实际、深入群众，进行系统的周密的调查研究，尽快熟悉情况，探索和挖掘社会主义革命和建设的客观规律，获得领导工作的主动权。1956 年，苏联在建设社会主义过程中暴露出一些缺点和错误。为了少走弯路，探索国内社会主义建设道路，毛泽东花了一个半月时间，同 34 个中央部门负责人讨论，每天一个部门或两天一个部门，做了一次系统的经济问题调查，写出了《论十大关系》这一马克思主义文献，为指导社会主义建设发挥了重要作用。[1]

二、党政工作调查研究的特点

各部门、各行业都需要调查研究，但具体情况却各不相同。深刻认识和正确把握党政工作调查研究的特点，从中总结出一些带有规律性的东西，对于提高调研成果质量是非常重要的。从工作性质和基本职能的内在要求看，党政工作的调查研究工作有以下一些重要特点。

（一）政策性

政策和策略是党的生命。开展党政工作调查研究，根本目的就是要为领导做出正确的决策提供服务。与此相联系，衡量党政工作调查研究质量的高低，关键要看有多少调研成

---

[1]彭德才：《学习毛泽东调查研究的思想方法》，《中国纪检监察报》，2013 年 8 月 16 日，第 4 版。

果进入了决策，变成了具体政策，以及这些决策和政策在实际工作中发挥了什么样的作用。可以说，政策性是党政工作调查研究的最基本特征。

延伸阅读：蹲下去才能看清蚂蚁

焦裕禄同志有一句名言，蹲下去才能看清蚂蚁。他靠着一辆自行车和一双铁脚板，跑遍了兰考 120 多个大队，直到送进医院前一天还在基层调研。他之所以能找到治理风沙的有效办法，离不开"蹲下去看清蚂蚁"的调研精神。

"凡是忧愁没有办法的时候，就去调查研究。一经调查研究，办法就出来了，问题就解决了。"有的领导干部整天感叹，现在留人难、管理难、教育难、改革难。光喊难有什么用！只有蹲下去调研，才能找到解决问题的办法。

在践行党的群众路线的活动中，不少领导干部带着问题虚心向群众求教，结果令他们大开眼界，从工作思路到解决办法，群众的招数真是多、对策真是好。无数事实证明，高手在民间，官兵是老师。如果领导干部真正深入群众，甘当小学生，在群众中总能找到思路、措施和办法，什么困难和问题都能迎刃而解。

有的领导干部可能会说，自己也经常下去调研，一年下去好几次，调研报告写了几大摞，可做出的决策还是脱离实际。其中一个重要原因就是缺少真正"蹲下去看清蚂蚁"的精神。

事实上，现实生活中的很多调研，往往背离调研的实质。

有的带着"思想框子"下去找素材，"带着鞋子去找脚"，搞点例子，调研就算完成了；有的习惯于"被调研"，走的路线、看的事、见的人、听的话都是事先安排好的；有的搞"木人探海"那一套，坐着车子转、隔着玻璃看，只看"门面""窗口"，不看"后院""角落"。更有甚者，摆架子讲排场，名为调研，实为扰民。诸如此类，导致的结果就是"唱功很好，做功很差""调查研究隔层纸，决策执行隔座山"。

要蹲下去看清蚂蚁，不深入细致不行。毛泽东在寻乌调查中，曾问身边工作人员："你们讲一讲，寻乌做生意的中间，哪一类最多？"有人能回答。再问："寻乌哪几家豆腐做得最好、最容易卖掉？又有哪几家水酒做得最好？"这下就没有人回答上来了。于是，毛泽东把自己调查的结果告诉了大家，并说："到一个地方做调查研究是好的，但调查要深入细致，走马观花，到处只问一下，是了解不到问题的深处的。"[1]

（二）针对性

党委、政府的工作千头万绪，有数不尽的问题需要研究探讨。党政工作调查研究要围绕中心工作，考虑决策需要，关注重点热点问题，做到有的放矢。实践表明，党政工作调查研究只有忙在点子上，谋在关键处，才能富有成效，事半功倍。如果脱离中心工作，远离决策需要，其调研效果必然会大打折扣。

---

[1]戴伟德：《蹲下去才能看清蚂蚁》，《解放军报》，2015 年 2 月 9 日，第 2 版。

延伸阅读：刹住调查研究"套路化"倾向

调查研究历来是我党的优良传统，调查研究是领导干部必须练就的基本功。

但也有干部在调查研究中"玩套路""玩花样"：或蜻蜓点水，或只看样板，不深入群众，也不触碰问题，实则是走过场、摆花架子。据央媒报道，中部某乡镇一年竟有 500 多批次领导前来调研，被当地干部群众讥讽为"被调研明星乡"。如今的调研虽已不见张贴标语横幅、铺设红毯等现象，但个别地方出现的流于形式的调研之风，以及由此给基层带来的负担需引起警惕，应及时加以纠正。

"没有调查就没有发言权"，调研本是以了解情况、推进工作为目的的，但当调研成为一种工作"套路"，就显得舍本逐末了。"被调研明星乡"曾一天接待五拨领导，其中有两拨调研的题目一模一样。还有个别地方的干部喜好开展集体调研，短时间内走马观花地检视工作，根本没有与基层人员和群众沟通接触。值得警惕的是，个别地区干部到工作业绩突出的地方调研多，到情况复杂、矛盾突出的地方调研少。长此以往，基层调研逐渐偏离正轨，走向形式化。

"套路化调研"容易"好心办坏事"。上级领导来基层调研，了解情况、推进工作，这对基层而言原本是一桩好事。然而基层工作本就繁杂，更有一些地区不具备接待多批调研的条件，这种"过度接待"劳民伤财，很可能影响其正常工作。再者，"套路化调研"常常只是"蜻蜓点水"，领导虽下了基层，却没有深入了解情况，发现不了问题，自然难以提出有针对性的解决方案。这种恶性循环，会引起基层群众的反感，给干群关系带来"负效应"。[1]

（三）应用性

党政工作调查研究，既不是纯粹的理论研究，也有别于具体的工作部署，它是一种理论与实践相结合的对策性应用研究。它离不开正确的理论指导和深刻的理论思维，具有强烈的实践性特征，尤其强调"研以致用"。具体来说，调研选题必须紧扣现实工作需要，出发点是为党政工作提供急需、有效的对策建议；调研成果必须有实用价值，落脚点是解决经济社会生活中的具体问题。古人云："文可载道，以用为贵。"党政工作调研成果只有在党委、政府作决策时被采纳，直接或间接地用于改革开放和现代化建设的实践，才能真正称为上乘之作。

延伸阅读：播种之前先识"土性"

民间有句谚语："地里不冒气儿，怎知下啥种儿？"种庄稼的农民都懂得依据时令和土质搭配对应的农作物种类置肥种田，以确保土肥、苗壮，收成好。"地气儿"是土地对气候变化的感知和体现，农民通过土壤来感知土地的温度和水分，进而判断土质，从而因地制宜，以期获得好收成。

---

[1]彭艺：《刹住调查研究"套路化"倾向》，《湖南日报》，2017 年 12 月 9 日，第 2 版。

调查研究工作亦如此，只有紧密联系实际，才能扎下深根、开出实花、结出好果。现实工作中，有的机关和干部却不重视调查研究，最终导致决策失误。如，搞调查研究不奔着现实问题和活思想去，而是为了找出"亮点"、弄出些脱离基层现实的经验材料以哗众取宠。又如，"办公室里拍脑袋，空调房里作决策"，面对基层亟待解决的疑难杂症不是束手无策就是束之高阁。[1]

（四）超前性

党委、政府的许多决策与未来的发展趋势密切相关，特别是一些重大决策更是如此，做出这样的决策首先要预知未来。为此，党政工作调查研究必须有战略眼光，既立足当前又面向未来，注意瞻前顾后，这是为决策服务的一个重要方面。要把视野放得更宽一些，眼光看得更远一些，既能预见潮流所在和大势所趋，又能看到苗头性、倾向性问题，才能提出有真知灼见的建议。

延伸阅读：如何提高决策的预见性

在现代社会，随着科技与经济的迅猛发展，各种信息铺天盖地而来，领导者决策所面临的问题日益呈现出复杂性、突发性、速决性的特点，那种"脚踩西瓜皮，滑到哪里算哪里""今日不知明日事，明日有事再请示"的被动决策方式已愈来愈不合时宜。《孙子兵法》云："成功出

---

[1]陈海锋：《播种之前先识"土性"》，《人民武警报》，2017年9月13日，第1版。

于众者，先知也。"领导者提高决策的预见性是增强工作主动性和有效性的不二法则。当然，这里所说的预见性，既不是指唯心主义先验论的"先知先觉"，也不是通过求神问卜而得到的所谓"预言"，而是指根据事物发展规律，对尚未出现的事件的预测，或对已经存在但尚不为人所知的事物的认识及其发展、结局的预见。毛泽东指出："预见就是预先看到前途趋向。如果没有预见，叫不叫领导？我说不叫领导。"他认为："坐在指挥台上，如果什么也看不见，就不能叫领导。坐在指挥台上，只看见地平线上已经出现的大量的普遍的东西，那是平平常常的，也不能算领导。只有当着还没有出现大量的明显的东西的时候，当桅杆顶刚刚露出的时候，就能看出这是要发展成为大量的普遍的东西，并能掌握住它，这才叫领导。"

那么，领导者怎样才能提高决策的预见性呢？

1. 广泛、快速获取信息的能力

掌握充分的信息是正确决策的前提和基础。领导者要提高决策预见能力，必须拥有广泛、快速地获取周边环境及内部信息资源的能力。首先，要注重调查研究，掌握大量的第一手信息。认识来源于实践，而预见也不是空想的结果。凭空想象、闭门造车所做出的预测是不可靠甚至是有害的。领导者只有真正地深入实际、深入基层，进行调查研究，及时了解实际情况，获取大量的第一手资料，才能准确把握事物的真实走向，从而提高决策的可行性、科学性、预见性。其次，要充分利用现代科技手段获取文献信息，如利用计算机和电子技术实现对信息的存储、检索、提取和交流。领导者只有具备了这种广泛、快速地获取信息的能力，才可能降低过分依赖下属进行评价和建议的程度，进而提高决策的主动性和预见性。

2. 对信息去粗取精、去伪存真的处理能力

在当今"信息爆炸"的时代，对铺天盖地、杂乱无序的信息，必须进行认真的识别，去粗取精、去伪存真，使之有序化，才能发掘出其中有价值、可利用的东西。这就要求领导者必须能够正确分析、判断信息的质量和利用价值，通过对大量而无序的信息进行精心筛选、整理和深加工，挖掘出其价值。为此，领导者必须具备合理的知识结构和科学的思维方法。领导者的知识结构对领导决策具有重要的影响，如果领导者的知识面窄、知识结构不合理，就会使自身的信息处理能力受到限制。科学的思维方法是认识世界、改造世界的锐利武器，也是信息处理的有力工具。因此，面对现代社会大量庞杂的信息，领导者要尽力提高自身素质，努力完善自己的知识结构和思维方法，正确分析、判断信息的质量和利用价值，从而高瞻远瞩，超前思维，准确地预见未来社会的各类需求和可能出现的突发事件，从而使制定出的决策具有预见性。

3. 见微知著的敏锐洞察力

"月晕而风，础润而雨"，"山雨欲来风满楼"，事

物的发生都有一定预兆，即在其或长或短的产生与变化的过程中一般都要表现出一些征兆或迹象。事物的这种变化前的征兆，虽然有的很明显，有的很隐蔽，但都为人们预见未来提供了线索和依据。领导者只要善于观察、分析，及时觉察、捕捉这种预兆，就可以推断出未来可能会发生什么。如果什么问题都等到事后或发展到昭然若揭时才知其性质、趋势，才采取行动，往往为时已晚。因此，领导者要提高决策预见能力，就要善于从全局的、长远的观点出发看问题，把握住事物发展过程中所透露出的各种信息，不放过任何蛛丝马迹，尤其对外部环境的变化和关键信息、关键环节要予以充分的注意与周密的考虑，做到走一步、看两步、想三步。只有这样，临事才能游刃有余。[1]

（五）操作性

党政工作调查研究提出的对策建议不能笼统含糊和空发议论，务必做到符合实际、思路正确、措施具体。经济社会生活极其复杂，有些对策建议看似正确，却因无实际操作办法，只能成为无用之物。一项好的建议必须兼顾需要和可能，也应有切实可行的具体措施。

延伸阅读：刘伯承："一竿子插到底"

1947 年刘伯承率部挺进大别山，前边淮河挡住去路，后面追兵即将赶到，搭架浮桥又来不及，去查看的参谋回

---

[1] 齐先朴：《如何提高决策的预见性》，《领导科学》，2007 年第 22 期，第 32-33 页。

来报告"大水滔滔，难以过河"。刘伯承同志当即批评他："应该看水深、流速、河底情况等，'大水滔滔'是什么概念？"他带了一名警卫员，找了一个小筏子下了河，手拿一根竹竿亲自试水深，又看见一位饲养员从上游拉牲口过了岸，当即判断可以过河，成功甩开了敌人。

行军打仗要拿"竹竿"，搞建设、促改革更是如此。越是群众意见多、工作做得差的地方，领导同志本人越是要"一竿子插到底"，扑下身子、沉到一线，亲自察看、亲身体验。[1]

（六）时效性

对急迫问题以及领导机关关注的重要问题，必须集中力量，及时调查，快速反应，适时提供情况和建议，才能适应和满足决策者的需要。"文当其时，一字千金。"倘若时过境迁，工作重心转移，才慢腾腾地拿出调研成果，即使写得全面、正确、深刻，也为时已晚，难有大用。事实上，对多数调研成果而言，时机因素至为重要，"生逢其时"才能"谋当其用"。[2]

延伸阅读："机会要抓好，决策要及时"

时效性是指信息仅在一定时间段内对决策具有价值的属性。决策的时效性很大程度上制约着决策的客观效果。

---

[1]周人杰：《如何杜绝"被调研""假调研"》，《人民日报》，2017年11月27日，第4版。
[2]魏礼群：《提高调查研究水平 做好决策咨询工作》，《人民日报》，2004年12月2日，第9版。

就是说同一件事物在不同的时间具有很大的性质上的差异，我们管这个差异性叫时效性。时效性影响着决策的生效时间，可以说是时效性决定了决策在哪些时间内有效。因此，调查研究应紧紧把握其时效性特点，充分发挥其时效性的功能，以供领导机关抓住机遇，及时决策。

所谓机遇，就是事物在发展过程中面临好的、有利的形势和境遇，给事物进一步发展提供的有利机会和环境。邓小平同志多次强调要抓住机遇，发展自己。他要求"机会要抓住，决策要及时"[1]。邓小平同志的高明之处就在于他有敏锐的战略眼光和极强的机遇意识，能够较早地洞察到机遇。第一，从对国际形势的新判断中敏锐地洞察到我国发展的机遇；第二，从国际间各种矛盾的发展演化中寻找我国发展的机遇；第三，善于从新科技革命中洞察我国发展的机遇。[2]

三、党政工作调查研究的基本原则

辩证唯物主义是无产阶级的世界观和方法论，是指导认识社会现象的根本思想方法，当然也是调查研究的指导原则。调查研究是马克思主义基本原理与中国具体实践相结合的基本方法，是与马克思主义的认识论、方法论和群众观相统一的。在马克思主义中国化的过程中，只有持续不断地进行调

---

[1]《邓小平文选》（第三卷），人民出版社，1993 年版，第 355 页。
[2]萧吟：《"机会要抓好，决策要及时"》，《光明日报》，2004 年 8 月 10 日，第 4 版。

查研究，才能继续开拓马克思主义在中国发展的新境界。具体来说，在调查研究过程中，应坚持如下原则。

（一）客观性原则

一切从实际出发，实事求是，这是调查研究最根本的原则。辩证唯物主义认为，人们的思想只有符合不断发展着的客观实际，才能在实践中取得预期的目的。坚持唯物论，就是要从客观事物的本来面目出发，有一说一，有二说二，不能颠倒黑白，更不能无中生有，以个人情绪、感情、欲望、私利等弄虚作假、编造事实，"决不附加以任何外来的成分"[1]。因此，我们进行调查研究就要坚持从客观实际出发，坚持实事求是的原则，对周围环境做系统周密的调查。所谓实事求是的调查研究，说的是如下三种情形。

一是调查者不能事先定调子，画框框，下到基层找例子。一切结论应该产生于调查的末尾，而不是在它的开头。这就是说，要按照事物的本来面目认识事物，不增加任何主观成分，是什么问题就是什么问题，是多大的问题就是多大的问题，一就是一，二就是二，不夸大，不缩小，这就是调查中的唯物主义。有的人，调查之前就已经有了结论，调查不是为使主观符合客观，而是要使客观适应主观，"按图索骥"。用框框硬套客观实际，"合则取，不合则弃"，收集一些片面的材料来印证自己的结论。这种方法从根本上违背了"从

---

[1]《马克思主义哲学纲要》，人民出版社，1983年版，第69页。

物到感觉和思想"的唯物主义认识路线。毛泽东同志针对这种情况明确指出："调查研究有两种方法，一种是大胆的主观假说，小心的主观主义的求证，这是个很坏的方法。一种是马克思主义的科学方法。"[1] 我们要做科学的调查研究，就要从实际出发，客观冷静地了解事实本身。

二是要注意材料的系统性和全面性。在调查研究过程中，要在事件的真实联系中去把握事物，详细地掌握反映事物各个侧面的材料，正面的、反面的、成功的、失败的，等等。所收集的资料越广泛、越丰富，就越能反映问题的本质，就越有代表性。只有把这方面的资料统统收集起来，再进行综合、分析，才能得出正确的结论。这就要求我们在调查研究的过程中，必须采取客观的态度，忠实地反映客观事实，不能带任何"框框"。那种抱着某种主观设想的结论进行调查，只收集符合自己观点的材料的做法是违反科学的。调查研究应该发现事物的真相，不要被种种假象所迷惑。社会现象是十分复杂的，人们任何时候都可以从各种现象和假象中找出个别事例来证明某种观点，这种把个别事实从全部事实的客观联系中抽取出来并加以夸大和绝对化的做法，是玩弄事实的儿戏。这样的工作不但是毫无意义的，而且是有害的。这样的调查研究，也是不会得出科学结论的。

三是对调查所得材料要认真验证，反复核对，辨别真伪。

---

[1] 毛泽东生平和思想研讨会组织委员会：《毛泽东百周年纪念：毛泽东生平和思想研讨会论文集》（上册），中央文献出版社，1994年版，第191页。

在社会调查中，由于被调查者可能受切身利益的影响，或其他种种的局限，反映的情况不一定是完全真实的，因此需要验证、核对。为此，在调查研究中必须做周密系统、深入细致的工作，要有耐心、有步骤地去工作，不要性急，也不能偏听偏信。在社会历史领域中，发现和利用那些触犯社会衰朽力量的新规律，往往会遇到强烈的反抗，即使在我国社会主义条件下也仍然存在某种阻力。比如当调查研究揭示出某一事物的本质和规律性时，常常会触及某些单位、某部分人或某些个人的既得利益，有的还会触及某些传统观念和势力，这就要求我们的调查者要有勇气冲破重重束缚，不怕挫折，不怕打击。没有这种大无畏的精神，要想调查真实情况，反映真实情况是不可能的。

延伸阅读：“看到的问题就要报告中央，不报告就是不忠实”

作为党的第一代领导集体的重要成员，朱德在调查研究方面是一位楷模。新中国成立后，虽然年事已高，但朱德同志不辞劳苦，每年都用两到三个月或更多的时间到全国各地视察。仅1956年到1965年的10年间，他就到过28个省、自治区和直辖市。他深入基层，倾听群众的意见，了解实际情况。

实事求是是马克思主义的精髓，是我们共产党人的重要思想方法。朱德在新中国成立后提出的重要观点同样依靠实事求是。他说：“看到的问题就要报告中央，不报告就是不忠实；要不就是观潮派，看到坏事也不讲。"在他的调查报告中，很多内容都是他结合各地的生产建设问题谈到的意见。

1960年2月至3月，朱德同志赴陕西、贵州、四川、河南等地调研，切身感受到人民生活困难和"左"的做法的错误。在老家四川仪陇马鞍公社，他问堂兄弟："你们为啥都这么黄皮寡瘦，说话都吊不起气？"堂兄弟直截了当地说："还不是肚子吃不饱！"为此，他向仪陇县委负责人指出：一定要根据山区的特点，带领广大干部和群众，开发山区资源，发展山区的农、林、牧、副、渔和各种土特产的生产，努力渡过目前的暂时困难。4月2日，朱德向毛泽东写报告，提出，我国各地方的地理条件、自然条件很不相同，农作物的品种又非常多，生产要因地制宜，农业技术改革也要因地制宜，各种机械必须是又经济又适合当地要求，是多种类多型号的，不能求其一律。农业和工业都要发展商品性的生产，以适应国家经济建设和改善人民生活的需要。

1962年5月，朱德参加中央工作会议，讨论国民经济计划。他不赞成那种认为农民发展家庭副业是"资本主义倾向"的错误看法，认为现在限制家庭副业太死了，要解除禁令！在农村要两条腿走路，正业（农业）和副业两不误。会后，朱德先后去陕西、四川、云南、广西等地视察。5月20日，他在给中央的报告中提出：要允许私人或供销社在集镇上开几家饭铺，小煤窑的零售价格应当允许地方上适当调高，不要统死。在四川西昌地区视察时，朱德派人重点调查了一个生产队。5 月 26 日，朱德致电中央，如实反映了这个生产队的情况："这里群众的生活还是比较苦的。""这个生产队的群众，四月份平均每人口粮只有十斤（十六两秤），五月份平均每人口粮十一斤四两，在夏季插秧大忙季节，一个全劳动力也只能吃到十六斤。""口粮不足的原因，除因去年天旱歉收外，在执行政策上也还存在问题。如公社规定：在完成征购和储备任务后，即便生产队还有余粮，每人每天的口粮也不得超过十二两。口粮是十天一发，主要是怕群众吃了过头粮。对群众开垦小片荒地还有限制。总之，对农民箍得太死，因而影响了群众的生产积极性。"[1]

（二）科学性原则

调查目的明确了，调查研究的态度就是关键性的因素。调查研究中蕴含的认识论、实践观和群众观是与马克思主义相一致的。要求调查研究者在思想上充分认识调查研究的重要性，在实践中坚持实事求是的科学态度和求真务实的作风，树立群众观点，遵循认识发展的客观规律。一切认识都来自实践，问题的解决办法只能从实践中获知。调查研究，要坚持从客观实际出发，不能从主观臆想出发。调查研究，要始终坚持在"实践—认识—再实践—再认识"中不断提高对客观事物的认识水平。调查研究，是在认识事物基础上解决问题的过程，对事物的认识不可能一蹴而就，这就要作好多次调查的准备。

---

[1]左智勇：《朱德与调查研究》，《学习时报》，2018 年 3 月 5 日，第 1 版。

　　马克思主义认为，人民群众是人类历史的创造者，是认识世界和改造世界的主体，他们最有经验，最了解情况。进行调查研究，只有站在人民群众的立场上，一切从人民群众的利益出发，同人民群众打成一片，这样才能得到群众的信任和支持，他们才能"知无不言，言无不尽"，我们的调查研究才能达到预期的目的。进行调查研究必须坚持眼睛向下，虚心向人民群众请教的态度。

　　做到虚心向人民群众学习，不仅是调查研究顺利进行的条件，而且也反映了调查研究的目的，决定了调查研究的方向。早在无产阶级登上政治历史舞台之前，一些资产阶级代表人物就进行过系统的调查研究活动。但是，他们进行调查研究的目的是维护资本主义制度。他们根本看不起人民群众，甚至与人民为敌。所以，是否有坚持向人民群众学习的态度，是无产阶级和资产阶级调查研究理论的基本区别之一。不能充分认识调查研究的重要性和本质，在调查研究中简单粗暴，搞命令主义，有形式主义和官僚主义的作风，不仅是马克思主义科学素养的缺乏，也是党性不纯的表现。毛泽东同志指出：调查研究"没有满腔的热忱，没有眼睛向下的决心，没有求知的渴望，没有放下臭架子、甘当小学生的精神，是一定不能做，也一定做不好的"[1]。

　　首先，甘当小学生要有满腔的热情，要站在人民大众的

---

[1]《毛泽东选集》（第三卷），人民出版社，1991 年版，第 790 页。

立场上。抱着为人民服务的决心，一切从人民利益出发，同群众打成一片，关心群众生产和生活中的问题。而要做到这些，"主要的一点是要和群众做朋友，而不是去做侦探，使人家讨厌。群众不讲真话，是因为他们不知道你的来意究竟是否于他们有利。要在谈话过程中，给他们一些时间摸索你的心，逐渐地让他们能够了解你的真意，群众才能把你当作好朋友看，然后才能调查出真情况来。群众不讲真话，不怪群众，只怪自己"[1]。

其次，甘当小学生要有眼睛向下的决心。如果以领导者自居，居高临下，没有放下架子的精神，是一辈子也不会懂得中国的事情的。有些人下去调查，盛气凌人，"下车伊始"，就哇啦哇啦地发议论，一开口就是官腔，自以为是，这也批评，那也指责，群众只会望而生畏，根本不愿理睬。只有眼睛向下，平等待人，才能知道许多"闻所未闻"的东西。

最后，甘当小学生还必须有求知的渴望，虚怀若谷，抱着寻求真理的强烈愿望。我们切不可强不知以为知，要"不耻下问"，要善于倾听群众和基层干部的意见，恭恭敬敬、老老实实地向群众学习，不懂就是不懂，不要装懂。客观事物是错综复杂地发展变化的，事物本质的暴露有一个过程，因此，调查研究是一种艰苦的劳动，要搜集大量材料与数据，要反复思考与分析，不花气力、不动脑筋是得不到真理的。

---

[1]《毛泽东文集》（第二卷），人民出版社，1993年版，第383页。

延伸阅读："我是向大家求教的"

调查研究最重要的是诚心诚意拜人民为师，听干部群众讲真话，这是全面了解基层情况的基础。

1959 年至 1961 年，我国国民经济陷入困境。为了探究困难之因，扭转困难之势，毛泽东向全党发出大兴调查研究之风的号召。1961 年 4 月至 5 月，刘少奇在家乡湖南省宁乡县和长沙县进行了为期 44 天的调查研究。调研之初，刘少奇最渴望听到人民群众最真实的心声。可是，在当时的情况下，人们不敢讲真话。对于基层干部群众不敢说真话的情况，刘少奇在给毛泽东的调查报告中以湖南省长沙县天华大队为例指出："长期以来，这个大队的社员和干部不敢说心里话，乔木去调查时，大队已把一些乱说话的人调走。我最初去找干部和社员谈话，大队干部都在事先交代过。有些小队开会，我们工作组的人去参加，说的是一套，工作组的人离开后，他们又再开会说了另一套。因此，我在天华的前十天几乎不能同大队的人认真讨论问题。"

为了了解群众心中真实的想法，在一次座谈会上，刘少奇摘下青呢帽，露出满头银发，用地道的宁乡腔恳求道："我是向大家求教的。这次中央办了错事，我们对不起大家，向大家道歉。但是改正错误要了解真实情况，希望大家帮助我，向我提供真实情况。"会场上霎时静了下来，大家看到的是国家主席真诚的表情，体会到的是国家主席渴望了解实情的真心。此后，刘少奇不让社队干部陪同，带着秘书径直来到生产队，请社员座谈。经过 40 多天与群众心贴心交流、面对面沟通，刘少奇同志终于赢得了群众的信任。大家打消顾虑，纷纷向他反映真实看法。由此，刘少奇认识到，造成困难的主要原因并不是天灾，而是如农民所说"三分天灾，七分人祸"。正是在刘少奇等中央领导同志深入农村进行实地调研的基础上，1961 年 5 月至 6 月中央在北京召开工作会议，对"人民公社六十条"草案进行了修改，形成《农村人民公社工作条例（修正草案）》。修改后的条例取消了供给制，并规定："在生产队办不办食堂，完全由社员讨论决定"。这个决策受到群众的极大欢迎。[1]

（三）开放性原则

调查研究要着眼于现在和未来，善于发现新生事物，注意事物发展动向，为预测和决策工作服务。马克思主义认为，新生事物的成长是一个辩证的过程。由于新生事物在成长过程中总是遇到衰亡着的旧事物的抵抗，旧事物在一个时期内又比新事物强大，因此，在历史发展过程中，进步着的、具有远大前途的新生事物，刚刚产生时总是比较弱小的。这就要求我们在调查研究过程中，要立足于现实，着眼于未来，努力发掘新情况，研究新问题，用发展的观点、开放的眼光去观察、分析问题，及时发现新事物，注意新事物的发展动向，支持新生事物的成长。

在调查研究过程中，如果不特别注意发现新事物的幼

---

[1]李颖，王刚：《刘少奇与调查研究》，《学习时报》，2018 年 3 月 2 日，第 1 版。

芽，即使新事物就在面前，也可能视而不见、听而不闻，与之失之交臂。这样就会使新生事物遭到埋没，延缓了它的成长壮大；或者由于不懂得分析鉴别新生事物，说不定把腐朽当神奇，不自觉地压制新生事物。

延伸阅读：农村的联产承包责任制"破土而出"

在现实生活中，及时地发现新生事物，对于预测和决策工作，有着十分重大的现实意义。20 世纪 70 年代末，农村的联产承包责任制刚刚出现的时候，仅仅属于个别情况，而且不少人持怀疑或否定态度。这时，我们党及时地做了大量的调查研究工作，敏锐地抓住了这个适合我国生产力发展状况的新生事物，迅速打开农业生产的新局面，并且为整个国民经济的发展开拓出了一条新路子。

四、党政工作调查研究的方法

毛泽东同志指出："不做调查没有发言权，不做正确的调查同样没有发言权。"[1] 开展调查研究的目的，是准确了解事物的真相和全貌，把握问题的本质和规律，研究解决问题的思路和对策。做好调查研究，提高调查研究的质量，需要掌握和运用科学的方法。调查研究的方法体系分为三个层次：方法论、调研方式、具体方法与技术。

方法论位于最顶层，与哲学和其他各门学科的理论密切

---

[1]《毛泽东农村调查文集》，人民出版社，1982 年版，第 13 页。

联系，是调查研究总的指导原则和理论架构，包括客观性原则、科学性原则、开放性原则、方法多元化原则等。

在调研方式上，按调查对象可分为全面调查和非全面调查，全面调查即普查，非全面调查则分为抽样调查和个案调查。按时间，可分为一次性调查、经常性调查和追踪调查。按研究目的和作用，可分为探索性调查、描述性调查和解释性调查。

在具体方法与技术上，可以分为两大类：一类是定性方法，另一类是定量方法。这两种研究方法在功能、回答或解决的问题、数据收集方式等方面有着明显的区别。对于调查者而言，根据所要解决的问题和研究目的选择适当的研究方法至关重要。

（一）定性方法

定性方法有利于发掘事物的深层次原因，对观察对象的细微之处进行把握。在研究特殊群体和敏感复杂的社会心理问题时，定性方法有其独到的功用。在操作中，定性分析采用的是比定量分析更模糊、更大胆的方法。因此，定性分析更容易具有创造性和新颖性。常用的定性方法有深度访谈法、焦点小组讨论（座谈会）、参与观察等。一般认为，这类方法的不足之处在于定性分析的样本不能够代表总体，得出的结论不一定具有普遍性。同时，定性方法的实施成功与否及其研究质量高低，在很大程度上取决于调查者个人的专业素养和研究经验，实施过程中的灵活性和主观性，也常常使研究结果在可靠性和有效性方面受到较大影响。

1. 案例调查法

案例调查法也是调查研究中常用的方法，运用该方法进行调研应把握好以下内容：

首先是选题。适宜采用案例调查法的研究问题主要包括三种情形：介绍新鲜事物、探讨焦点事件和总结成败典型。

其次是抽样。当确定好案例调查的研究问题后，接下来就需要考虑案例的选择问题，即选择一个案例还是选择多个案例。一般而言，如果研究是为了证实或证伪已有理论假设的某个问题或者是分析某个极端、独特、罕见的情景，做单案例研究就足够了。但如果是为了更好、更全面地反映案例背景的不同方面，进而形成更为可靠、准确的结论，那么在条件允许的情况下，采取多案例研究将是一个更好的选择。

再次是资料收集。在调研过程中，要尽可能多地收集资料，包括相关的文件、档案、实物等。访谈是案例调查最常用的资料收集方式。在个别访谈时，调研人员要尊重对方，打消其疑虑，善于提问，并予以适当启示；在集体座谈时，调研人员要注重调研对象的人选构成，讲明规则，把握节奏，并针对突发情况随机应变。

最后是资料分析。与问卷调查相比，案例调查所获得的资料大多是文字性的材料，而非一组组数据。因此，在资料的分析方式上，案例研究通常不采用定量分析方法，而是采用一种特殊的资料分析形式，即定性分析方法。与定量分析法相比，定性分析法有着较强的主观色彩，需要研究者激发灵感的火花。

延伸阅读："着重典型"

"调查研究中一个重要的问题，是关于典型的问题"。在有限的时间和精力下，把每一件事物都调查研究清楚是不可能的，也是没有必要的，因此，"我们的办法，就是在同一类事物中选择典型来调查研究。"

在张闻天看来，过去很多调查都是走马观花式的，是空洞没有内容的，尽管可以罗列事物的诸多现象，但是并不深入事物的内部，因此，这种调查得出的一般结论，并不能"正确地提出问题与解决问题"。典型的调查研究则不同，它能够深入到事物的内部，"能够发现该事物内部的运动规律"，因此，这种典型研究中所得出的事物规律，"对于同类事物却带有极大的普遍性，可以成为了解同类事物的指导原则"。

当然，这并不意味着可以从典型研究所得出的结论中概括出同类事物的一切特性，而只是说，"从典型研究中得出的结论可以成为一个有力的思想武器，成为研究其他同类事物的原则指导"。对于其他同类具体事物的具体解决，仍然需要从当时当地的实际出发，对该事物作具体的调查研究。

在研究典型中尤其应注意"典型的选择问题"。在张闻天看来，只有最能代表同类事物的具体事物才能算得上是最好的典型。在调查研究过程中，调查对象的典型性选择得越好，那么，调查研究所得出的结论也就越带有普遍性质，其呈现的规律也就越具有指导性，但"要选择这类的典型，如果对于这类事物没有一般的了解也是不可能的"。因此，在选择调查研究的典型对象时，也需要在事先作深入、详细的调查研究。[1]

2. 实地观察法

实地调查法是指调查者在实地，通过观察获得直接的、生动的感性认识和真实可靠的第一手资料。但因该法所观察到的往往是事物的表面现象或外部联系，带有一定的偶然性，且受调查者主观因素影响较大，因此，不能进行大样本观察，需结合其他调查方法共同使用。这种方法通常适用于对那些不能够、不需要或不愿意进行语言交流的情况进行调查。

3. 访谈调查法

该法是比实地观察法更深一层次的调查方法，它能获得更多、更有价值的信息，适用于调查的问题比较深入，调查的对象差别较大，调查的样本较小，或者调查的场所不易接近等情况。访谈调查法包括个别访谈法、集体访谈法、电话访谈法等。但由于访谈标准不一，其结果难以进行定量研究，且访谈过程耗时长、成本较高、隐秘性差、受周围环境影响

---

[1]严国红:《共产党人对于调查研究的态度——张闻天论调查研究的基本方法》,《学习时报》,2017 年 5 月 10 日, 第 5 版。

大，故难以大规模进行。

4. 会议调查法

这种方法是访谈调查法的扩展和延伸，因其简便易行，故在调查研究工作中比较常用。会议调查法通过邀请若干调查对象，以座谈会的形式来收集资料、分析社会问题。它最突出的优点是工作效率高，可以快速获取详细、可靠的社会信息，节省人力和时间，但由于其不能完全排除被调查者之间的社会心理因素，因此调查结论往往难以全面反映真实的客观情况。且受时间条件的限制，调查双方很难进行深入细致的交谈，调查的结论和质量在很大程度上受调查者自身因素的影响。

延伸阅读：周恩来在河北伯延的四个昼夜

2013 年，电影《周恩来的四个昼夜》风靡全国，荣获当年的金鸡奖和华表奖。这部电影讲述的是，周恩来来到河北省武安县伯延公社调查研究，在四个昼夜里同村民们朝夕相处，发生的一连串感人的故事。

1961 年 4 月 28 日午夜，周恩来放下手中的繁重政务，也前往邯郸亲自调查。此后一连三天，他在邯郸听取了地委书记庞均、工作组许明和河北省省长刘子厚的汇报。5 月 2 日返回北京处理要务后，3 日凌晨又赴邯郸。

这一次，他来到武安县伯延公社进行深入调查，走访了几十户社员家庭，视察了生产队的公共食堂，还到公社商店了解商品价格。他走乡串户，看见社员家中"除了树叶、咸菜、野菜以外，就没有东西了，硬是没有存粮"，感到十分震惊。

在伯延公社的一次座谈会上，一个叫张二廷的社员直言不讳地对周恩来说："这两年生活一年不如一年。""如果再这样下去两年，连你也会没有吃的。""因为我们当然首先要顾自己，你们征购不到，还不是没有吃的？"周恩来后来说："这句话对我教育很大，我很受感动。当时在场的地委干部听了以后，说这个人是个落后分子。我跟他们解释：这样看不对，这个社员说的是真理，一个农民把我们看作他自己的人才会说这样的话，这是一针见血的话。"座谈后周恩来来到张二廷的家，张二廷又向周恩来如实反映了伯延公社遭灾情况和公共食堂等方面存在的问题，并希望周恩来以后还能来伯延。周恩来表示，有机会一定来，如果自己来不了，也一定会派人来。在"文化大革命"前，周恩来每年都派人到伯延去，代他看望这位农民朋友。

在伯延调查过程中，周恩来发现社员最担心多征购粮食和挤掉他们的自留地，便当着地委、县委、社委负责人的面，保证不收回分掉的自留地、不再以自留地顶口粮指标。通过认真深入的调查，周恩来掌握了大量第一手情况。

周恩来主持的邯郸调查和其他领导人主持的调查研究，促使中央逐步纠正了前一阶段一些错误的判断和决定，制定出一些符合实际情况的政策，从而为贯彻执行国民经济调整的方针，克服严重的经济困难，创造了重要条件。中央领导同志带头深入实际调查研究，不仅使党的决策更加贴近实际，而且对推动全党调查研究之风的兴起，产生了重要影响。[1]

5. 专家调查法

这是一种预测方法，即以专家作为索取信息的对象，依靠其知识和经验，通过调查研究，对问题做出判断和评估。其最大优点是简便直观，特别适用于缺少信息资料和历史数据，而又较多地受到社会的、政治的、人为的因素影响的信息分析与预测课题。专家调查法广泛应用于对某一方案做出评价，或对若干个备选方案评价出相对名次，选出最优者；对达到某一目标的条件、途径、手段及它们的相对重要程度做出估计等。

（二）定量方法

定量方法建立在统计理论基础之上，其优点在于能够通过分析一些具有代表性的样本，来推论总体特征。以定量方法中常用的统计调查为例。它首先是从一定的理论假设出发，设计出标准化、具有内在逻辑结构的问卷，然后经过规范的抽样、调查实施、数据整理和统计分析，对理论假设进行检验，或者对新的发现做出理论解释。定量方法的缺陷在于难以获得深入的信息，容易忽略具体的社会过程及人们的深层次动机，同时也不适用于对唯一发生的现象进行因

---

[1] 费虹寰：《周恩来与调查研究》，《学习时报》，2018 年 2 月 28 日，第 1 版。

果性分析。

　　调查者必须认识到，在调查研究中定量方法和定性方法单独使用，都无法解释或回答所有问题。不同的研究方法之间不应该对立，而应是互为补充、互相支持的。定量方法与定性方法只是从不同的侧面，用不同的方法对同一事物进行研究。我们应克服那种非此即彼的做法，把定量方法与定性方法结合起来，使调查方法从对立走向统一与多元。[1]

　　1. 问卷调查法

　　运用问卷调查法进行调研主要包括以下四方面内容。

　　①选题。适宜采用问卷调查法的研究问题主要包括三种情形：了解总体概况、进行民意测验和开展舆论调查。

　　②抽样。从研究的科学性角度来看，对所有个体进行调查研究是最为科学的。但从研究的可行性角度来看，受制于时间、经费和精力，我们不可能对所有个体进行调查。因此，绝大多数问卷调查都是从总体中选择一定的元素进行调查和研究，在统计学上称为抽样。

　　③资料收集。问卷调查法用到的最重要的调查工具就是调查问卷，因而设计一份科学严谨的问卷十分重要。从结构上看，一份调查问卷由标题、指导语、问题、选项、编码等部分组成，其中问题是最为关键的部分。问卷中所呈现的具体问题必须紧紧围绕研究问题，不能顾左右而言

---

[1]廉思：《怎样有效开展调查研究》，《学习时报》，2013 年 5 月 27 日，第 3 版。

他。在问题的设计上，要遵循用词简单、语句简短、避免歧义和不带倾向性等提问原则。问卷调查的数据收集方式大致包括两类：一类是由被调查者自己填写问卷；另一类是由调查者读问卷，并根据被调查者的回答填写问卷。不同的数据收集方式各有其优缺点。随着科技的发展，网络（包括计算机终端和手机移动终端）问卷越来越普及，其取代传统问卷乃大势所趋。

④资料分析。数据收集完成之后，首先要做的就是对数据进行审核和筛选，剔除无效数据，随后对数据进行处理和分析。这些工作可以借助 Spss、Excel 等统计软件来完成。

2. 抽样调查法

该方法按照一定方式，从调查总体中抽取部分样本进行调查，并用所得结果说明总体情况。它最大的优点是节约人力、物力和财力，能在较短的时间内取得相对准确的调查结果，具有较强的时效性。组织全面调查范围广、耗时长、难度大，故常采用抽样调查的方法进行检查和验证，如开展某省党风廉政建设社会民意调查、流动党员现状社会调查等。抽样调查法的局限性在于抽样数目不足时会影响调查结果的准确性。

3. 统计调查法

这是通过分析固定统计报表的形式，把下边的情况反映上来的一种调查方法。由于统计报表的内容是比较固定的，因此适用于分析某项事物的发展轨迹和未来走势。例如，通过党员统计年报表，可以分析出某地全年党员的发展、转接、流动等情况，并能分析出与上年同期相比的增减情况，还可对下一步趋势做出预测。运用统计调查法，特别应注意统计口径要统一，以统计部门的数字为准，做到报表分析和实际调查相结合，不能就报表进行单纯分析。例如，对某一个数据大幅度上升或下降的原因，在报表中就难以反映出来，只有通过实际调查才能形成完整概念。

4. 文献调查法

通过对文献的搜集和摘取，以获得关于调查对象信息的方法，就是文献调查法。这种方法适用于研究调查对象在一段时期内的发展变化，研究角度往往是探寻一种趋势，或弄清一个演变过程。这种方法能突破时空的限制，进行大范围的调查，调查资料便于汇总整理和分析。同时，还具有资料可靠、用较小的人力物力收到较大效果等优点。但它往往是一种先行的调查方法，一般只能作为调查的先导，而不能作为调查结论的现实依据。[1]

当然，这只是被经常采用的几种方法。而事实上，在调查研究工作中，调查者不必拘泥于某种特定方法，而是相互交错、灵活地运用这些方法。在当今信息时代，如何能够更快、更准地掌握瞬息万变的情况，并透过纷繁复杂的现象寻找出规律，仍需不断进行研究和探索，需要在学习和运用既有方法的基础上，不断拓宽渠道、丰富手段、创新方法，提

---

[1]孙亚男：《调查研究常用九大方法》，《中国组织人事报》，2015 年 4 月 8 日，第 8 版。

高调查研究的科学化水平。

延伸阅读：求"深"、求"实"、求"细"、求"准"、求"效"

《之江新语》一书的第一篇《调研工作务求"深、实、细、准、效"》，读后令人印象深刻。这篇短论思想性、针对性、时效性强，语言简洁明快，观点敏锐清晰，形式生动活泼，对广大党员干部深入开展调查研究工作具有很强的方法论层面的指导意义。

"求深"强调调研必须着眼基层，不可"井中葫芦"

习近平指出，"深"，就是要深入群众，深入基层，善于与工人、农民、知识分子和各界人士交朋友，到田间、厂矿、群众和社会各层面中去解决问题。

人民群众的社会实践，是获得正确认识的源泉，也是检验和深化我们认识的根本所在。进行调查研究，一定要从群众中来、到群众中去，广泛听取群众意见。调查研究成果的质量如何、形成的意见正确与否，最终都要由人民群众的实践来检验。党的各级领导干部研究问题、制定政策、推进工作，刻舟求剑不行，闭门造车不行，异想天开更不行，必须进行全面深入的调查研究，并在此基础上谨慎决策，以保证在各项工作中尽可能防止和减少失误，即使发生了失误也能迅速得到纠正。

调研要"求深"，就必须多层次、多方位、多渠道地调查了解情况，既要调查机关，又要调查基层；既要调查干部，又要调查群众；既要解剖典型，又要了解全局；既要到工作局面好和先进的地方去总结经验，又要到困难较多、情况复杂、矛盾尖锐的地方去研究问题。基层、群众、重要典型和困难的地方，应成为调研重点，要花更多时间去了解和研究。尤其对群众最盼、最急、最忧、最怨的问题更要主动调研，抓住不放。只有这样，才能在调研中听到实话、察到实情、获得真知、收到实效。

"求实"强调调研必须联系群众，不可"招摇过市"

习近平指出，"实"，就是作风要实，做到轻车简从，简化公务接待，真正做到听实话、摸实情、办实事。

党的十八大之后，中央政治局出台关于改进工作作风、密切联系群众的八项规定，其中第一条明确强调："中央政治局全体同志要改进调查研究，到基层调研要深入了解真实情况，总结经验、研究问题、解决困难、指导工作，向群众学习、向实践学习，多同群众座谈，多同干部谈心，多商量讨论，多解剖典型，多到困难和矛盾集中、群众意见多的地方去，切忌走过场、搞形式主义。"

2012年12月7日，中央八项规定出台后的第三天，习近平总书记第一次出京调研，在广东的五天时间里，轻车简行，不封路、不清场、住普通套房、吃自助餐。这是习近平总书记带头执行中央八项规定的一次生动示范。四年多过去了，以习近平同志为核心的党中央以身作则，率先垂范，严格执行中央八项规定。从出行不封路、少扰民，不过度警卫、减少陪同人员，到吃家常菜，住普通房，强调艰苦朴素，反对铺张浪费；从考察点不能"导演"、不搞"培训"，了解最真实情况，到鼓励说真话、谈问题，多到意见多的地方，多同普通群众接触等，体现出明显的以上率下的导向。

"求细"强调调研必须深入细致，不可"走马观花"

习近平指出，"细"，就是要认真听取各方面的意见，深入分析问题，全面掌握情况。

在经济社会加速转型和信息技术快速发展的条件下，新矛盾新问题每日每时都在出现，党情、国情和世情瞬息万变。客观环境要求我们必须做"精准调研"，充分掌握事物发展变化的来龙去脉。只有精准调研，才能做到对策的"精准发力"。如果调研"走马观花"，做表面文章，其结果只能是"闭着眼睛捉麻雀"，贻误工作，影响事业发展。

2004年春节，时任浙江省委书记的习近平到浙江嘉兴调研时，深有感触地对当地干部说："我来浙江工作1年多时间，到今天已经把全省11个市和90个县（市、区）都跑遍了，其中有些市县去了多次。"后来，习近平又多次强调，地方发展要与实际相结合，当县委书记要跑遍所有的村，当市委书记要跑遍所有的乡镇，当省委书记要跑遍所有的县区市。关键是要通过调研搞清情况，坚持从实际出发谋划事业和工作，不好高骛远，不脱离实际。

"求准"强调调研必须条分缕析，不可"似是而非"

习近平指出，"准"，就是不仅要全面深入细致地了解实际情况，更要善于分析矛盾、发现问题，透过现象看本质，把握规律性的东西。

顾名思义，调查研究包括调查和研究两个阶段。调查是了解"是什么""怎么样"的阶段，表现为对客观事实的描述，产生对事物的感性认识。研究则是要回答"为什么""所以然"的阶段，是通过科学理性的研究使感性认识上升到理性认识，目的是找到决定事物发展变化的本质规律。所以，要把调研"做准"，必须处理好调查和研究两个环节的关系，"调查结束后一定要进行深入细致的思考，进行一番交换、比较、反复的工作，把零散的认识系统化，把粗浅的认识深刻化，直至找到事物的本质规律，找到解决问题的正确办法。""关键是调查后要善于研究，抓点时要善于管窥全豹，跑面中要能够见微知著，综合提炼。"

"求效"强调调研必须解决问题，不可"隔靴搔痒"

习近平指出，"效"，就是提出解决问题的办法要切实可行，制定的政策措施要有较强的操作性，做到出实招，见实效。

调查研究必须强化"问题意识"，针对问题研究治本之策，努力在切实解决问题上下功夫，在真正化解矛盾上做文章。习近平强调说："衡量调查研究搞得好不好，不是看调查研究的规模有多大、时间有多长，也不是光看调研报告写得怎么样，关键要看调查研究的实效，看调研成果的运用，看能不能把问题解决好。"要紧紧围绕党的路线方针政策和中央重大决策部署贯彻执行，深入研究影响和制约经济社会持续健康发展的突出问题，深入研究人民群众反映强烈的热点难点问题，深入研究党的建设面临的重大理论和实际问题，深入研究事关改革发展稳定大局的重点问题，深入研究当今世界政治经济等领域的重大问题。这样才能使调查研究工作同中心工作和决策需要紧密结合起来，更好地为党委和政府科学决策服务，为提高党的领导水平和执政水平服务。

恰如习近平在《之江新语》中讲的，每个时代总有属于它自己的问题，这些问题就是我们这个时代的口号，就是时代的声音，也就是我们必须要逐步解决的问题。我们只有立足于时代去倾听这些特定的时代声音，只要科学地认识、准确地把握、正确地解决这些问题，就能够把我们的社会不断推向前进。[1]

---

[1]杜凤英：《调研工作的方法论指引——感悟习近平调研工作的"深、实、细、准、效"》，《学习时报》，2017年1月25日，第5版。

第四章

党政工作调查研究的基本程序和步骤

"不以规矩，不能成方圆"，凡事都要遵循一定的程序和步骤，而每一个步骤又都有一些规范性的要求。科学的规范和严格的程序保障，是保证调研成果客观可靠的基本前提。调查研究是有目的、有计划地采用科学方法，对客观事物进行观察了解，收集各种信息材料并对其进行科学研究分析，从而把握对客观事物规律性认识的一种社会活动。调查研究是一项严肃的、科学性很强的工作，要想取得预期的效果，就要按照一定的程序，有计划、分步骤地进行。

党政工作调查研究的程序和步骤制订得是否科学，关乎调查者的意图是否能得到贯彻，关乎能否获取最直接可靠的第一手信息材料。党政工作调查研究的程序和步骤大致可分为准备阶段、调查阶段和研究阶段。具体而言，在准备阶段，主要是提出研究问题、进行研究设计；在调查阶段，主要是进行资料收集和部分资料分析；在研究阶段，主要是进行资料分析、得出研究结论、解决实际问题。

一、准备阶段

"凡事豫则立，不豫则废"，在调查研究正式实施之前，精心做好调查研究的准备工作，是搞好调查研究的重要基础和前提。调查研究的准备工作是否充分，直接关系着调查研究的成效。

《工作方案》明确要求，在准备阶段，要提高认识。各级党委（党组）要通过理论学习中心组学习、读书班等，组织党员、干部深入学习领会习近平总书记关于调查研究的重要论述，学习习近平总书记关于本地区本部门本领域的重要讲话和重要指示批示精神，继承和发扬老一辈革命家深入基层调查研究的优良作风，增强做好调查研究的思想自觉、政治自觉、行动自觉。各级党委（党组）要围绕调研内容，结合本地区本部门本单位实际，广泛听取各方面意见，研究制定调查研究的具体方案，明确调研的项目课题、方式方法和工作要求等，统筹安排、合理确定调研的时间、地点、人员。党委（党组）主要负责同志要亲自主持制定方案。

（一）确定调查研究问题

确定调查研究问题是开展调查研究的起点，开展调查研究必须有非常明确的具体问题。在党政机关的实际工作中，最常见的调研问题主要源自五个方面：一是事关党委、政府的中心工作问题；二是事关经济社会发展的热点、焦点问题；三是事关改革发展稳定大局的问题；四是人民群众反映强烈的问题；五是上级领导交办的任务。明确研究问题时要切记，开展调查研究必须坚持正确的政治方向，从党和国家的方针政策与重大决策部署着手，深入了解上级决策在本地区、本部门落实的实际效果和产生的问题，并以此为切入点进行调查研究，使调查研究既有政策高度，又符合客观实际。

党政工作调查研究与其他社会调查研究不同，具体表现在选题上，要选择切口小、意义大、可操作的题目；要选择具有前瞻性的题目，提出可预见的方案；要选择部分群众有需求，对经济社会发展有利的题目；要选择对当前影响不大，但对长远影响较大的苗头性题目。专门的调查研究机构，一般可以选择较为重大的选题，做大规模的调查；相反，经验较少、力量单薄的调查组织或个人，就应当选择较为简单的调查选题。

题目确定之后，对议题所处的方位、产生的背景、问题的影响力等进行必要的研究，有的还要请专家进行必要的辅导，把问题细化成若干个小的题目。做足功课，对问题清楚明了了，甚至有了初步的认识，调查研究的时候才会有备而来，才能做到针对性更强。

延伸阅读：调查研究要重视选准课题

调查研究是党政部门一项十分重要的工作。选准课题，从中找准问题建言献策，是成功开展调查研究的关键。

1.在选题过程中，要坚持"三个性"

一是前瞻性。要善于根据国内外形势的发展与变化，着重选择一些战略性、前瞻性的问题，以超前的眼光、宽广的视野、多元的思考，深入分析新形势带来的新机遇和新挑战，做到超前谋划、科学研判，为党委、政府把握当前与今后工作的主动权提供有价值的意见和建议。

二是全局性。要真正把调查研究放到党委、政府工作的全局之中去谋划，确保调研主题的选择始终围绕党委、政府的工作大局，紧贴党委、政府工作部署，准确领会党委、政府的工作意图，抓住影响和制约改革发展的重大问题，想党委、政府之所想，帮党委、政府之所需，努力做到选题与党委、政府的中心工作目标一致、方向一致、步调一致。

三是操作性。要按照问题导向、工作所需、群众所求的原则，选择当前改革发展中存在的突出问题，人民群众普遍关心的热点难点问题，深入调查、深刻研究，能够提出针对性强、具有可操作性的意见和建议，使党委政府取之可用、用之有效。切忌搞一些不切实际的空想，反对中看不中用的标新立异，或超越实际可能、无法操作的大话、空话。

2.选题时要抓住重点，找准切入点

一是从自身条件、资源优势中选题。需要调研的课题很多，不可能面面俱到，这就要求调研选题一定要量力而行，立足党派工作实际和自身条件，充分发挥自身资源优势，在认真了解情况的基础上，把那些看得准，吃得透，党委、

政府有条件解决的问题作为深入调查研究的首选课题，力求使所选课题与党委、政府的中心工作及有关部门的实际工作需求相结合、相对应，尽最大可能地实现双向需求的有效对接。

二是从"看上""看下""上下结合"中选题。"看上"指的是要分析党和国家的方针政策以及党委、政府的决策，把握其重点并围绕重点或者中心进行选题，有助于提升民主党派调查研究的实效性；"看下"则是了解民意、调查民意、倾听民意，针对群众普遍关心的重点问题、热点问题，形成课题，为党委、政府的决策提供参考；"上下结合"则是将党委和政府的政策和群众的意愿诉求综合起来进行分析，做到既能取得政府支持，又能反映民意；既能为政府提供建设性意见，又能解决群众关心关注的热点问题，促进社会和谐发展。

三是从由冷看热中选题。调查研究的能力，首先是观察社会、捕捉矛盾的能力。善于发现问题才能善于解决问题。因此，选择调研课题一定要抓住影响经济发展和社会进步的深层次矛盾，仔细寻找苗头性和倾向性的现象，透过矛盾和现象找本质。所谓"热"，就是大家都注意、都在研究的事物，人家研究得比你深、比你透，你就容易生产"白开水"；所谓"冷"，就是群众有反映，领导没注意，又迫切需要解决的事，从这方面入手，往往会起到事半功倍的效果。[1]

---

[1]郑国沁：《调查研究要重视选准课题》，《江淮时报》，2017 年 7 月 18 日，第 3 版。

（二）确定调查研究地点

确定调查研究地点，往往是与社会生活发展过程中发生的某种事件相联系的。在大多数情况下，调查地点是确定的。如奉上级指示或群众要求进行的某种调查，这样的调查称为"奉命式"。但有时候调查地点需要自己选择，这样的调查称为"自由式"。选择调查地点要从以下几个方面来考虑。

第一，调查地点要有典型性和代表性，要有一定的数量和类型。任何一种观点要从现实中找出个别事实依据都是可以办到的，但只有当事实依据有足够的数量时，才有代表性。当它在不同类型的地区都得到证实时，才具有普遍的意义。

第二，是否具备足够的条件，如必要的资料、设备、时间等。选题时要考虑到调查研究的组织状况，调查人员的能力和素质是否与调查课题的难易程度相适应，等等。

延伸阅读："当地的干部、群众能够同我讲真话"

三年困难时期，1961 年 1 月召开的中共八届九中全会确定对国民经济实行"调整、巩固、充实、提高"的方针。为了进一步弄清国内情况和问题症结所在，毛泽东在全会前的中央工作会议上号召"大兴调查研究之风"，做到"情况明，决心大，方法对"。中央领导人都下到基层搞调研。

6 月下旬到 7 月上旬，陈云同志到上海市青浦县小蒸人民公社，进行了 15 天农村调查。为什么选在自己的家乡？陈云同志的考虑是："这里是我 1927 年搞过农民运动的地方，解放后也常有联系，当地的干部、群众能够同我讲真话。"

当时陈云心脏有病，医生只允许他工作半天。但到小蒸后，他第二天就开始工作。每天上午在家里开座谈会，下午三四点钟到田间地头、养猪场和农民家里、集体食堂等地方考察。

陈云听了公社党委两次汇报，召开了十次专题座谈会。这些座谈会，有几次主要是向农民做调查，有几次是和公社党委委员交换意见。农民也敢于提意见。他们的意见和情绪，概括起来有四：一是粮食吃不饱；二是基层干部不顾实际，瞎吹高指标，参加劳动少，生活特殊化；三是干部在生产中瞎指挥，不向群众进行自我批评；四是没有把集体生产组织好，农民的积极性差，相反，对自留地、副业生产积极性高。

那时，农村只有可以走人的土路，汽车、自行车都不能通行，到各个村去都要步行七八里路，陈云仍然坚持到处去看。他看到，私养母猪喂食喂得好，有的甚至喂泥鳅，猪圈也干净，产苗猪多，苗猪成活率高。公养母猪喂食不分大小、强弱，像开"大锅饭"，猪圈脏得很，母猪流产多，苗猪成活率低。

当时为了多产粮，上级改变当地农民种一季水稻一季蚕豆的习惯，改种双季稻、种小麦。陈云和当地干部农民一算账，表面上亩产多了，但算上多投的种子、劳力，多占的寄秧田等，其实并不合算。那时候有人担心农民自留地多了，会影响集体生产。陈云调查后发现，自留地少了更不利。农民肚子很饿，不但搞不好生产，连当肥料的红花草都吃了，青蚕豆也是吃了再说，掼麦子的时候故意不掼干净，回去自己搓麦秆。

回京后，陈云写出《母猪也应该下放给农民私养》《种双季稻不如种蚕豆和单季稻》《按中央规定留足自留地》三个调查报告，对落实调整农村政策，调动农民积极性，解决农业困难，产生了积极影响。[1]

（三）建立调查研究组织

科学合理的人员构成，是调查研究质量的重要保证。要保证调查研究的顺利进行，先要明确调查研究的领导组织形式、人员分工和工作制度等。可以根据调查人员的自身特点和工作特长，为其分派不同的任务，协同做好调研工作。如召集调查研究人员会议，在调研工作正式展开前，向调研人员交代任务、明确分工、统一认识和调查口径；适当组织调研人员进行培训，学习有关政策文件并了解被调查对象的相关业务、背景知识。此外，建立调查组织，还要注意取得被调查地区和单位的大力支持，请他们提供有利于开展工作的条件。在调查组织中，还要制定合理的汇报制度和会议制度。

---

[1]熊亮华：《陈云与调查研究》，《学习时报》，2018年3月9日，第1版。

延伸阅读："彗星式"调研要不得

调查研究是我们党的传家宝，是领导干部的基本功。然而，如今一些干部热衷于"彗星式"调研，为人民群众所诟病。

何谓"彗星式"调研？一位乡镇干部说得好：省里下来个分管副厅长调研，市里要安排副市长陪，副市长叫上副局长，副局长又拉上业务科长。到了县里，再加上县委书记、县长、副书记、分管副县长……一进村，人连成一串、车排成一队，从头到尾望过去，可不就像拖着一个长长尾巴的彗星？

"彗星式"调研的出现有接待陋习作怪，更是干部底气不足、作风不严的表现。这些干部吃不透中央精神，不了解基层情况，面对基层问题既下不去手，也开不了口，就想拉熟悉情况的下级"壮胆"，没想到下级也要"壮胆"，这样一层层"壮"下来，"胆"有了，却生出长长的"怪尾巴"。

"彗星式"调研是典型的形式主义。中央一再要求干部下基层要轻车简从，而此类调研阵势大、架子足，让群众不知所措，严重影响干群关系和党的形象，必须坚决摒弃。否则，长此以往，恐助长迎来送往之风，更会把实情挡在"线"外，造成做决策、定政策和基层现实不符，与群众利益无关。

"知屋漏者在宇下，知政失者在草野。"党员干部走群众路线不是成群结队蹲地头摆姿势，更不是七嘴八舌表功绩比表现。干部要读懂、吃透中央政策，带着发现问题的眼睛下基层，细观察、深思考，捞"真鱼"、捞"活鱼"，通过调研最终找到解决问题的办法。[1]

---

[1]董璐，席敏：《"彗星式"调研要不得》，《安徽日报》，2017年7月17日，第1版。

（四）确定调查研究方式

按照科学程序，运用现代科学技术，对确定的调查研究题目进行系统的、多层次的考察分析，从它们的相互影响中进行综合研究，结合运用静态的典型调查和动态的系统分析及测算方法，将定性和定量分析相结合。调查研究的方式方法很多，但形式要为内容服务。比如，对一项新政策的评估，可以采取问卷调查的形式；对典型事件可能带来的影响，可以采取实地访问的调查方式；还可以采取网络信息技术等先进手段进行调查。

延伸阅读："作系统的、亲身出马的调查，而不是老爷式的调查"

调查研究，是我们党的重要传家宝，是做好各项工作的基本功。然而现实中一些领导干部不愿调研、不会调研、不善调研，只是按规定的路线走马观花、蜻蜓点水，看精心准备的样板，听照本宣科的汇报，搞"盆景式"调查、"花架子"研究，连现场交流都要念稿子，最终的报告也懒得自己动手。概而言之，就是调研的自主性太差。丧失主动权的"被调研""假调研"，影响了决策的科学性，还损害了领导机关、领导干部的形象。

陈云同志讲，要用百分之九十以上时间研究情况。上世纪 50 年代初，一天他下班离开办公室后突然消失，同志们非常紧张，怕出什么意外。后来才知道他直接把车子开到前门大街，去了解市场。1977 年 6 月，新任安徽省委第一书记的万里同志，在合肥不见了踪影，原来是一部小车、三两个人，说走就走、随时可停，直接到村、入户，三四个月把大部分地区都跑遍了，后来安徽打响了农村改革第一炮。看不看没有准备的地方，搞不搞不打招呼、不作安排的随机性调研，效果完全不一样。

不同群众商量、关在房子里的决策，害死人；而同群众"假商量"、虚晃一枪的调研同样害人不浅。1958 年，邓小平同志到四川隆昌调研，见面就对当地同志摆摆手说："不必了，还是我问到哪里，你们就讲到哪里吧。"他非常清楚，别人的报告代替不了自己调查，别人的意见代替不了亲手计算。1964 年，周恩来同志到河北邯郸调研纺织女工福利待遇问题，看到大家拘谨不肯讲困难，便同两年前见过面的劳动模范李秀芹拉起家常，从婚姻谈到"菜篮子"，再到她的工资……人们渐渐不再拘束，倒出了不少实话。有一是一、有二是二，"作系统的、亲身出马的调查，而不是老爷式的调查"，我们才能发现许多办公室里看不到、听不到、想不到的新情况，察到实情、收到实效。[1]

（五）做好调查研究设计

研究设计是指对整个调查研究工作进行规划，制订对特定社会现象或事物的调查研究策略，确定调查研究的最佳途

---

[1]周人杰：《如何杜绝"被调研""假调研"》，《人民日报》，2017 年 11 月 27 日，第 4 版。

径，选择恰当的调查研究方法。开展调查研究，要精心设计调查研究计划、拟定调查研究提纲、确定调查研究对象及规模、选择适用的调查研究方法。调查研究之前，要做好资料收集工作，充分借鉴以往研究成果。可以在原有基础上进一步深化、提高，避免一切都从零开始，避免在低层次、低水平上循环。准备好调查研究提纲，对调查研究的背景、目标对象、当前形势、未来趋势、前沿领域、存在问题等各个方面提前作好准备，有助于了解调查研究的目标领域和目标对象，提出高质量的问题。很多时候，调查研究提出的问题有质量，往往会启发调查研究对象提供更多的信息。做好调查研究设计是调查研究准备阶段最重要的工作，主要包括以下内容。

1. 明确调查研究的问题、目的和意义

党政机关领导干部开展的调查研究大多属于问题导向型研究，目的非常明确，即了解本地区、本部门存在的问题并解决这些问题。

2. 明确调查研究的调查范围和具体内容

调查研究的范围有大有小，要根据调查研究的具体问题，按照普遍性和特殊性要求，做好选点工作。

3. 明确调查研究的分析单位和抽样方法

其中，抽样方法最为关键，要根据具体情形确定采用概率抽样、非概率抽样或其他方法。

4.明确资料的收集方式和分析方法

定性调查研究与定量调查研究在资料收集和分析方法上有着很多的不同，要根据调查研究的具体问题，选择不同的资料收集方式和分析方法。

5.明确经费预算和时间安排等事宜

调查研究项目需要一定的经费，尤其是大型的调查研究项目，所以在调查研究前就应根据实际需要主动提出经费的预算计划，并交领导审核批准。制订调查经费预算计划是保障调研顺利完成的基础，所以必须考虑在先，周密完备地做好计划。最后，根据调查研究单位与被调查研究单位的实际工作情况，协商约定调查研究的大致时间。

延伸阅读：基层调研，少些"规定路线"，多些随机走访

中央八项规定提出要改进调查研究。在个别地方，一些调研出现形式主义苗头，且日益成为基层新负担，人们画像：就像葫芦掉到井里，好像深入了，其实还是浮在表面。

上级领导来调研了解基层情况，推动工作开展，这对基层原本是好事，然而，在个别地方，一些领导干部下基层调研正日益演变为基层干部群众的一大负担。形式主义调研的具体问题也渐渐凸显：到基层调研做指示的多，虚心求教的少；开展一般性调研多，带着问题开展专题调研少、蹲点调研更少；到工作突出的地方调研多，到情况复杂、

问题多、矛盾突出的地方调研少。

调查研究浮于表面、不深入，损害的是群众利益，甚至会影响一个地区的长远发展。一些欠发达地区的干部热衷于到发达地区调研学习，但在过程中作风不扎实，往往只学其表不学其里、只看局部忽略整体，形式主义的调研带来形式主义的调研成果，进而误导决策。"观光式"调研折射出多重问题，应当反思。除了一些干部的懒政风气需要整肃，部分地方相应的监督、管理与纠偏工作也需要加强。

基层调研，好的初衷需要得到好的执行。少"打招呼"，多看一些没有提前"演练"的地方，才能准确、全面、深透地了解情况，避免让形式主义影响决策的科学性，从而给干群关系带来"负效应"。基层调研是解决群众生活难题的最佳现场，而不应成为假深入的作秀场。只有深入群众，才能获得最真实的调研见闻，才能形成最贴合实际的调研成果，才能对症下药地解决实际困难。只有经过扎实的调查研究，谋定而后动，才是"弯道超车"的正确道路。[1]

二、调查阶段

调查阶段，就是调查者按照调查计划的要求，深入调查地点收集情况的阶段。调查阶段是调查研究过程中最重要的阶段。这一阶段的主要任务是：根据调研实施方案，深入实

---

[1]何小新：《基层调研：少些"规定路线"多些随机走访》，《团结报》，2017年12月9日，第2版。

际调查，做好资料收集工作。调查人员必须全面掌握调查方法并对其进行灵活运用，才能获得高质量的调查资料，取得好的调研成果。

《工作方案》明确要求，在调查阶段，县处级以上领导班子成员每人牵头 1 个课题开展调研，同时，针对相关领域或工作中最突出的难点问题进行专项调研。要坚持因地制宜，综合运用座谈访谈、随机走访、问卷调查、专家调查、抽样调查、统计分析等方式，充分运用互联网、大数据等现代信息技术开展调查研究，提高科学性和实效性。要深入农村、社区、企业、医院、学校、新经济组织、新社会组织等基层单位，掌握实情、把脉问诊，问计于群众、问计于实践。要转换角色、走进群众，了解群众的烦心事操心事揪心事，发现和查找工作中的差距不足。要结合典型案例，分析问题、剖析原因，举一反三采取改进措施。要加强督查调研，检查工作是否真正落实、问题是否真正解决。

（一）调查阶段的注意事项

1. 拟定与调整调查提纲

调查提纲是准备如何进行具体调查的一个基本思路，调查提纲的拟定可以起到提纲挈领、纲举目张的效果。重大的调研活动可以分成几个小组或几个阶段进行，同时也要注意在调查过程中根据实际情况对提纲做些必要的修改、调整和补充。

2. 调查对象的确定与调整

调查对象应该具有典型性、包容性和适度性的特点，以确保调查的可行性和结果的可靠性。

调查对象的确定。调查对象是我们认识问题和解决问题的主要矛盾。我们要了解调查对象所处的环境，了解它是单一事件还是系统工程，了解如何透过表象发现事物内在的规律和特征，进而认识问题的本质。

调查对象的调整。在实地调查过程中，可能会遇到突发的情况或我们不曾考虑过的问题，就要针对变化了的情况进行必要的调整。根据需要，随时召开工作碰头会，研究解决出现的新情况、新问题。

3. 及时集中调查资料

在实施调查过程中，要随时检查事先确定的调查对象、调查项目的资料是否齐全。如果发现缺少的地方要及时补足，因特殊情况不能补足时，也要在资料上注明原因，以便在以后的分析研究时引起注意。个人或人数较少的调查团体，也要在调查地点将有关方面的资料加以集中，以加深对资料的印象和理解，从中发现需要补充和进一步调查的问题。

4. 调查资料的分类与整理

调查收集资料时须注意资料的广泛性和重要性关系、资料的质量和数量关系、直接资料和间接资料整合的关系等方面。同时，还要对调查资料进行严格的质量检查和初步整理，以便及时发现有遗漏的问题并予以补查。

在实施调查过程中，要做到边收集资料边加工分类，将调查中获得的资料分门别类地排列起来，使其系统化。简便的方法是，将所有类似或相近的资料保存在一起，既防止散漏，又便于查找。在对资料整理分类过程中，还可以及时校正资料，检验资料效度。调查阶段资料的整理与验证也将为最后调查资料的汇总分析研究打下基础。

延伸阅读：向张闻天学习调查研究的方法

张闻天同志在《出发归来记》中运用马克思主义的立场、观点和方法，论述了调查研究是马克思主义基本原理与中国革命实际相结合的重要途径，强调了调查必须与研究相结合，必须善于抓住典型，学会分析与综合等。此文是对毛泽东同志调查研究思想的系统论述和发挥，许多精辟论点对于我们今天的调查研究工作仍有重要的指导作用。

1942 年年初，张闻天同志响应党中央整风的号召，率领调查团赴陕北、晋西北农村进行调查。在调查工作结束后，张闻天将自己一年多的调查工作过程中的一些经验教训写成了一份向中央汇报的总结报告，即《出发归来记》。这篇报告受到了毛泽东同志的重视，他在阅后于 1943 年 3 月 29 日批示中央"各同志阅"。在《出发归来记》中，张闻天在实践的基础上，精辟地论述了我们共产党人对于调查研究应当采取的基本态度——"一切必须从客观的实际出发，必须从认识这个客观的实际出发"。更为重要的是，他还对调查研究的基本方法进行了深入阐释。

"调查研究是从实际出发的中心一环"

在工作中要从实际出发，最基本的环节就是认真扎实地对这个实际开展调查研究。在张闻天看来，领导者和被领导者的工作特点、中国社会的复杂性决定了调查研究工作是"一切工作的基础"。

领导者方面，一方面，调查研究是领导者提出正确任务的需要，"一个领导者，如果他对于当前的具体情况没有精密的调查研究，他就无法提出正确的任务"。另一方面，在提出正确任务之后，领导者必须对实际情况进行详细调查研究，以便"推动运动的继续前进"。张闻天认为，作为一个好的领导者，对于一件事情，必须同时兼有"正确的原则的领导"和"作战指挥一样的行动的领导"，只有将两者有机结合起来，才能称得上是具体领导。"这种具体领导，不以精密的调查研究工作做基础，是决不可能的。"

被领导者方面，一方面，被领导者在接受了上级的任务之后，只有对当时当地的实际情况进行调查研究，才能拿出具体的完成任务的办法，"因为他不能在接受任务之后盲目乱干一气，而必须考虑一番，如何执行任务，才能不脱离群众，不违反政策"。另一方面，完成上级工作任务必须以调查研究为基础，在张闻天看来，落实具体工作只能通过"根据实际情况的，灵活的，发动群众积极性的，执行政策的"的科学方法来完成，而"不了解当前情况的人，是不能用这种方法来完成任务的"。

关于中国社会的复杂性。中国社会的复杂性具体表现为社会发展的不平衡性，中国社会发展的不平衡性是世界上少有的，例如"陕甘宁边区，就有警备区与老边区之分，有土地革命地区与非土地革命地区之分，有中心地区与边界之分"。这种社会发展的复杂性决定了上级在作决定时，必须要很好地预计和评估各个不同地区的实际特点，使所做出的决定带有原则性。同时，下级在具体执行上级决定时，必须充分尊重本地区的实际特点，"只有这样，才能使上级的原则决定，在各种不同的地区内能够具体执行"。而要使上下级步调一致，"没有双方深入的调查研究工作做基础，是不可能的"。

"分析与综合"

选择好调查研究的典型对象后，"调查研究工作的主要方法是分析与综合"。

所谓分析，就是"把这个事物分解为各个方面、各个部分"。例如，调查一个农村的情况，首先，把它分解成各个家庭，调查就先从各个家庭开始，但当调查各个家庭时，各个家庭还只是一个整体。如果需要进一步研究的话，则需要继续加以分解，如一个家庭的人口、劳动力、土地、牲畜、农具等，然后分别加以调查。这种分析的过程是了解整个事物所必须经过的步骤。"没有这种分析，我们对于一个事物的了解，只能是笼统的、一般的，没有内容的。"可惜的是，"这种分析方法，我们过去在工作中实在用得太少了"。分析让我们得以了解事物的各个组成部分，但使我们不了解事物的整体，甚至完全错误地了解事物，因此，我们的分析方法必须要以综合方法来补充，使我们时时记到我们分析出来的部分，是一个整体的部分，是不能脱离整体的部分。

所谓综合，就是把部分"还原到它们原来在整体中的位置"。综合的本质就是"从部分到全体，从抽象回到具体的思想的运动过程"。例如，上述的农村调查。在对各个家庭分别加以调查之后，就应把这些家庭综合起来考虑，这样就知道了这个村子的大小。在对各个家庭的人口、劳动力、土地、牲畜、农具等各个组成部分分别加以调查之后，就应把一个家庭的组成部分综合起来研究，这样就了解了这个家庭的情况了，再把不同的家庭成分综合起来，我们就可以了解这个村子所有家庭的情况了。

在调查研究过程中，分析与综合的方法是不能分割的，"它们是对立的，但又是统一的，它们是一个对立的统一"。没有以分析做基础的综合是表面的、空洞的；没有以综合统一起来的分析是虚假的、死板的。张闻天特别强调，综合必须建立在分析之上。在他看来，"主观主义者的综合，并无分析做基础，他们只是从许多一般的感想中，再综合出一般的感想，这种感想当然是不能反映实际的"。

"调查方法点滴"

通过调查研究的实践，张闻天同志将自己的调查方法总结为十二条基本经验，除"在开始调查以前，应弄清楚调查的目的""诚心诚意抱定当群众小学生的态度""尽量收集书面材料""可以采取开调查会、个别谈话及实地调查三种，适当的把它们结合起来""完全独立自主地做工作""不要把调查的东西从它的具体环境中孤立出来看"外，他还特意强调了其他一些方法。

调查研究的入手对象应该是当地群众中的积极分子。在调查研究过程中，要与这些积极分子交朋友，并努力经过他们介绍，推广到其他的群众。当然，"如能找到别的关系，应抓住不放"。

要充分利用调查方面的矛盾来进行调查研究。调查研究过程中如发现调查方面的各种矛盾，要利用这些矛盾进行调查。但是不能只调查矛盾的一方，而应该"矛盾双方均应调查，免受一方的蒙蔽"。

帮助解决群众的实际问题。在调查中如果发现同多数群众有切身利害关系的问题，能经过当地党、政、军、民机关解决的，应帮助解决，以取得群众对调查者的信任与拥护。

应经常性整理调查来的材料。在整理过程中，发现不足的要进行补充，缺乏的材料要增加，不确实的矛盾要予以校正。应该相信，初次调查来的材料常常有很多不可靠的。可靠的材料，要经过几次三番的调查才能得来。

调查工作初步完成后，最好能在当地加以研究。如果在研究过程中发现还有不清楚的问题，可以迅速地再次搜集材料。同时，研究工作和调查工作不能相隔太久，"研究工作应该紧跟在调查工作之后，而且最好就在调查的地方进行"。

调查工作需要用心投入，不能太过匆忙。"熟悉一个地方的情形，不但需要问话，而且需要生活，需要有一定时间的考察与体验。"[1]

（二）调查阶段要注重全面、深入、真实、准确

在调查阶段，必须坚持解放思想、实事求是，坚持从群众中来、到群众中去，把事情的真相和全貌调查清楚，把问题的本质和规律把握准确，把解决问题的思路和对策研究透彻，切忌走过场、搞形式主义。进行调查要注意全面、深入，调查的层级和类别要齐全，既有基层又有上级机关，既有领导干部又有普通群众，既有行业部门内的又有系统外的，等等。调查的视角和方位要周全，既调查现在又了解过去，既调查个体又了解整体。注重真实、准确，不仅能放下架子和群众打成一片，还能超脱出来做符合客观情况的记录和描述。在调查时，要正确估计问题的代表性，防止以偏概全；正确分析和综合，能够透过现象抓住本质，防止停留在对材料的简单堆积和描述上；正确判断问题的性质，防止夸大或缩小问题。

延伸阅读：向陈云学习调研工作的方法

调查研究是做好领导工作的一项基本功，也是践行好党的群众路线的重要抓手。陈云是开展调查研究的典范，

---

[1]严国红：《共产党人对于调查研究的态度——张闻天论调查研究的基本方法》，《学习时报》，2017 年 5 月 10 日，第 5 版。

三年困难时期的 1961 年 6 月 27 日至 7 月 11 日，他积极响应毛泽东"大兴调查研究之风"的号召，怀着对人民群众的深厚感情，从解决农业经济恢复发展的实际出发，深入上海青浦小蒸公社开展蹲点调研，并形成了调研成果《青浦农村调查》。如何从陈云同志这次经典调研中学习方法、汲取智慧，对当前党员干部做好调研工作很有意义。

注重深入基层一线实地蹲点

陈云同志惯于和善于使用蹲点调查法，寄希望于"解剖麻雀"，以点带面，为解决实际问题助力。1961 年选择青浦小蒸公社进行半个月的蹲点调查就是实例。陈云的蹲点调查的特点主要表现在以下方面。

一是蹲得住。作为党中央副主席、主管财经工作的国务院副总理，陈云可谓日理万机。但是他清楚这次农村调研的意义和分量，仍旧"一竿子插到底"，轻车简从，在小蒸这个地方扎扎实实搞调研，而且一蹲就是 15 天。

二是能蹲到群众中去。他谢绝了县里做的生活安排，给县里同志提出"不请不到"的要求，尽量不给地方同志添麻烦，不给地方正常工作带来影响。他在小蒸公社能够深入基层干部群众中去，看他们吃公共食堂、养猪、种地等，真正和调研对象打成了一片，没有那种高高在上的架子，也没有"坐着车子转一转，隔着玻璃看一看"的虚招。

三是蹲到了解决问题的关键地方。陈云同志之所以到小蒸公社调研，不仅在于"大跃进"以来这个地方问题突出，还在于这个地方是他生长、革命和新中国成立后一直关注的地方，和这里的干部群众相互熟悉、感情深厚。在困难时期，陈云相信到家乡去，能够最大限度地了解基层实情。正如他所言："掌握实际情况的一个重要方法就是，向自己熟悉的地方和熟悉的人去了解。""农民知道我们，所以敢于讲话。"

善于从细节中找到问题突破点

陈云讲过："我们做工作，要用百分之九十以上的时间研究情况，用不到百分之十的时间决定政策。"陈云的小蒸公社调研就注重将情况摸细摸清。

一是通过解剖麻雀，细化问题。不仅选取小蒸公社这个有代表性的调研点，而且选取了农业经济恢复发展的若干重要也很具体的养猪、农作物种植、自留地等问题。

二是善于从细节找出解决问题的突破点。比如他跟农民聊的时候了解到一个喂养猪崽的细节问题，农民"对最后生下来的比较瘦弱的奶猪特别照顾，把它放在奶水最多的第三个奶头上吃奶。经过安排，奶猪就习惯于在固定的奶头上吃，大小长得比较均匀"。从这个细节中陈云看到的是农民"私养猪"的精心。还比如，在分析多种蚕豆好的原因时，陈云运用相关化学知识进行佐证，"种小麦比种蚕豆消耗土地的肥力多，原因是豆科植物有根瘤菌，可以固氮。豆田种水稻施同样多的肥料，要比麦田种水稻每亩多收约五十斤。如果把种豆少用的十担猪肥施在水稻上，再增收二十斤，两项合计每亩可以多收稻谷约七十斤。"可以说，陈云这种站在宏观全局高度，从小处着眼，通过"打算盘"明成本看效益的做法，正是探求重要问题解决的一般规律性的要义所在。

三是把调查细节与做出决策有机结合，提出思考，做到了"先调研后决策，不调研清楚不决策"。

全方位比较，确保调研情况真实性

陈云曾说，领导干部听话要特别注意听反面的话，因为不同的意见，常常由于领导人不虚心，人家不敢讲，不容易听到。在青浦调研中，陈云综合使用了交换、比较、反复的方法，充分体现了他调研求真的风格。

一是交换意见。既听肯定意见，也听尖锐批评意见，同时做自我批评，勇于承担责任。当时小蒸公社的老百姓对困难时期的生活、对基层干部的作风问题有意见："一是粮食吃不饱""粮食征购多了，只留 400 斤，每天只能吃两稀一干""二是基层干部不顾实际，瞎吹高指标，参加劳动少，生活特殊化"。正像群众反映的，"干部吹牛皮，群众饿肚皮""干部出风头，群众吃苦头"。而且干部是"大衣捧了捧，不做三百工"。群众是"头发白松松，不做不成功，做了两百工，还说不劳动"。"三是干部在生产中瞎指挥，不向群众进行自我批评""四是没有把集体生产组织好，群众的积极性差"。陈云听到这些意见后，说国家遇到了困难，让群众受苦了，他是中央副主席，有责任，应该检讨和道歉。其坦荡的胸怀，为民的情怀，真诚的品格，着实让基层干部群众感动。

二是比较分析。搞清实际情况，做出相关研判。陈云同志调研善用比较分析法，彰显着比较分析的特点，什么事情能办什么事情不能为，往往会用权衡利弊方式进行。利大于弊，可为；弊大于利，慎重。

三是反复验证。情况分析完毕，不急于做结论，而是反复核实，最终确立解决方法。经过 15 天的调研，陈云形成了对农作物种植、养猪、自留地等问题的研判意见，但是他没有急于下结论或者将调研成果上报中央，而是按照毛泽东所讲的，"在调查的时候，不要怕听言之有物的不同意见，更不要怕实际检验推翻了已经做出的判断和决定"。他又到杭州、苏州，找了和青浦情况相仿的几个县的县委书记和若干个大队支部书记，研究了种双季稻和种小麦的问题，也顺便问了养猪和自留地的情况。另外，又找了与青浦土地、人口、气候条件不同的萧山和无锡两县县委的同志，调查了种植情况，研究了农作物种植安排上的有关问题。经过进一步的求证，当发现了小蒸调研得到的结论能够经得起检验后，陈云才将撰写的报告上报。这些做法充分体现了他慎重稳当的工作风格。

能够抓住实际问题的要害所在

毛泽东在党的八届七中全会的讲话中对陈云有过评价："不要看他平和得很，但他看问题很尖锐，能抓住要点。"陈云 1961 年青浦小蒸公社调查就是能够抓住问题要害的典范。

一是确立农村经济恢复发展问题的要害。主要抓住三大问题：农作物种植、养猪、自留地。这些问题关乎粮食产量的恢复发展，关乎肉食供应和农家肥提供，关乎农民生产积极性提高和度过饥荒的现实。

二是确立每个具体问题的要害。农作物种植安排不能仅看上级怎么发的行政指令，也不能仅凭老农的经验，主要决定于无霜期长短、人口和耕地比例、地势高低、土质情况和耕作习惯等；养猪方面，公养和私养只是主体不同，最关键的要看如何减少成本，提高经济效益；自留地应否多留，最重要的就是如何统筹解决集体和农民个体之间的利益关系。

三是确立调研方法的要害——交换、比较、反复。陈云小蒸调研综合运用的实地查看、专题座谈、个别谈话等方式，都蕴含着这六个字的辩证法思想。[1]

三、研究阶段

调查后的研究是调查研究的重要阶段。研究阶段的主要任务是在全面地占有调查资料的基础上，对资料进行分析研究。大量的调查可以发现问题、提出问题，但不能解决问题。解决问题还需要做系统周密的分析研究工作。

《工作方案》明确要求，在研究阶段，要全面梳理汇总调研情况，运用习近平新时代中国特色社会主义思想的世界观、方法论和贯穿其中的立场观点方法，进行深入分析、充分论证和科学决策。特别是对那些具有普遍性和制度性的问

---

[1] 陈松松：《向陈云学习调研工作的方法——以〈青浦农村调查〉为例》，《学习时报》，2017 年 10 月 30 日，第 5 版。

题、涉及改革发展稳定的深层次关键性问题，以及难题积案和顽瘴痼疾等，要研究透彻、找准根源和症结。在此基础上，领导班子交流调研情况，研究对策措施，形成解决问题、促进工作的思路办法和政策举措，确保每个问题都有务实管用的破解之策。对调研中反映和发现的问题，逐一梳理形成问题清单、责任清单、任务清单，逐一列出解决措施、责任单位、责任人和完成时限。对短期能够解决的，立行立改、马上就办。对一时难以解决、需要持续推进的，明确目标，紧盯不放，一抓到底，做到问题不解决不松劲、解决不彻底不放手。

（一）整理分析调查资料

分析调查资料，一方面，应用统计手段和数学方法进行数量分析、简化显示各种具体数量特征；另一方面，则运用类比、归纳、推理、抽象等手段，经过由表及里、由此及彼的分析过程，寻求资料所反映的现象之间的本质联系。对调查资料的分析，不能等到调查步骤都结束后才开始，而应当随着调查过程的开始而开始，要做到边调查、边分析。

1. 整理汇总

整理汇总材料就是把调查到的各类数据材料集中，并进行一定的加工整理，使获得的资料整齐有序，便于下一步研究工作的顺利进行。这一环节一般需要经过核对、分类、挑选等步骤。

2. 核对资料

从材料来源、完整性、准确性、客观性等角度进行核实、查对，以保证基本事实材料的充足、可靠、完备。

3. 选择论据

将调研课题结合手中掌握的资料，选出需要的论据材料特别是支持论点的材料。挑选的主要任务是确定事实资料对研究的价值大小。

4. 分类编号

分类是指根据调研课题的需要，把获得的事实材料根据不同的特点进行分类。对材料进行分类，目的是为研究工作打下基础。一些大型的调查项目，材料纷繁复杂、门类众多，如果不作分类，那么研究工作也将无从入手。分类过程中如果发现材料归类不够合理，可及时调整。材料分类后进行登记编号，以便查找取用。

5. 分析材料

"分析"就是把一个事物、一种现象、一个概念分成较简单的组成部分，找出这些部分的本质属性和彼此之间关系的一种思维方法，这是一种人们认识事物的最常见的方法。分析的要求是"一准二深"。调查的材料再丰富，如不能作准确、深入的分析，那么材料的价值就得不到充分的利用，调查的目的也就很难实现。

6. 归纳综合

归纳综合就是把分析过的对象或现象的各个部分、各种属性联合成系统化整体的一种思维方法。注意综合分析，进行必要的纵向、横向比较，归纳综合是基础，提炼概括是深化。

延伸阅读：邓小平与调查研究

邓小平非常重视调查研究，他的许多影响深远的重大决策都来源于调查研究。他曾说，要把调查研究作为永远的、根本的工作方法；实事求是是马克思主义的精髓，实践是检验真理的唯一标准；领导者必须多干实事。那种只靠发指示、说空话过日子的坏作风，一定要转变过来。

"吃食堂是社会主义，不吃食堂也是社会主义"

1961 年 4 月 7 日至 22 日，为响应毛泽东提出的大兴调查研究之风的号召，邓小平同志带着几位工作人员来到北京郊区顺义县，针对生产队与生产队之间、社员与社员之间的两个平均主义问题进行调查研究。

他的调查研究，分为三个方面：一是分别召开县级、公社级和生产队级干部座谈会，二是派工作人员住到农民家里了解社员生活的真实情况，三是深入实地进行现场察看。他召开的座谈会有：4 月 7 日、8 日、17 日、20 日 4 次县委负责人座谈汇报会；4 月 12 日 3 个公社党委书记座谈会；4 月 15 日生产队干部座谈会；4 月 21 日县、社手工

业座谈会。为了了解社员生活的真实情况，他派卓琳到上
辇村农民孙旺家住了一个星期，派其他工作人员分别到上
辇村和北小营村实地调研。他还亲自到白庙村公共食堂、
城关公社拖拉机站、生产落后的芦正巻生产队、工业搞得
比较好的牛栏山公社、顺义县城关和牛栏山公社的集市等
地深入现场实地调研。

通过调查研究，邓小平同志就公社规模、基本核算单位、
超产购留比例、食堂等问题有了明确的意见，他认为当前
农村最主要的问题，是赶快把基本核算单位定下来，小队
和小队，社员和社员，都不要拉平，要克服平均主义，贯
彻按劳分配原则，多产多卖多留多吃。

在办食堂问题上，通过调查研究，他的认识由开始时
的努力把它办好，转变到后来的尊重社员群众的意见。他
在牛栏山公社桑园村召开的社、队干部会上明确说："吃
食堂是社会主义，不吃食堂也是社会主义。以前不管是中
央哪个文件上说的，也不管是哪个领导说的，都以我现在
说的为准，根据群众的意见，决定食堂的去留。"

这次调查研究的成果得到毛泽东的肯定，为中央进一
步调整农村政策提供了有价值的情况和意见、建议，也为
他随后支持一些地方出现的包产到户提供了实践依据。

"要照顾原则，不要照顾面子"

在 1961 年的调查研究中，毛泽东的主要精力放在"农
业六十条"上，他把"工业七十条""商业四十条"等城
市工作的具体政策交给邓小平去负责。

邓小平认为，只有结合调查研究，工业条例才能搞出来。1961 年 7 月 13 日至 24 日，邓小平赴东北调查研究鞍钢生产问题，同时就制定工业企业工作条例进行调研。关于鞍钢生产问题，他在 14 日至 19 日持续 6 天听取东北局汇报后指出：保鞍钢是个战略问题，保鞍钢三分之二生产能力是个界限。关于工业企业工作条例问题，他提出要搞试点，从定任务、定员、定原材料消耗定额、定协作关系等入手，规定责任制，建立起正常的管理秩序和正常的协作关系。

在调研中，邓小平反复强调："一切都要按社会主义原则办事，不要再照顾原来说过的话、办过的事，那是照顾不住的。""凡是办不到的，不管原来是哪个人说的，站不住就改，顾面子是顾不住的，今天顾住了，明天也顾不住。"在考察尚处于会战阶段的大庆油田时，他特别关心石油工人的生活，亲自到工人们因陋就简盖的"干打垒"住房详细了解情况。他提出办供销合作社送货上门、开展多种经营、成立专业队种地、办牧场养猪、栽树榨油等细致入微的具体办法。

通过调查研究，他主持制定了《国营工业企业工作条例（草案）》，这对推动当时国民经济的全面调整具有重要意义。1980 年 4 月 1 日，邓小平同志还真切地回忆说："1961 年书记处主持搞'工业七十条'，还搞了一个工业问题的决定。当时毛泽东同志对'工业七十条'很满意，很赞赏。他说，我们终究搞出一些章法来了。"[1]

---

[1]蒋永清：《邓小平与调查研究》，《学习时报》，2018 年 3 月 7 日，第 1 版。

（二）研究调查材料

研究调查材料就是"去粗取精、去伪存真"的过程，是对调查所获得的材料，以辩证唯物主义的认识论和方法论为指导，进行科学分析与综合，从而找出事物发展的规律，用以指导人们改造客观世界的活动。

研究调查材料要善于运用系统的观点、发展的眼光来研究过去、分析现状和预测趋势，要把指定的和随机的调查情况相联系，把直接的和间接的调查情况相结合，把定性的和定量的分析相统一。正确估计问题的代表性，防止以偏概全；透过现象抓住本质，防止停留在对材料的简单堆积和描述上；正确判断问题的性质，防止夸大或缩小问题的轻重程度；及时修正错误，对原来考虑不缜密甚至不合乎实际的设想必须进行调整和完善。

对调查中得到的资料进行综合研究，总结问题产生和演变的规律，建构解决问题的基本模式，形成可普遍推广的理论和制度。实现由个别到一般、由特殊到普遍的过程，也是从经验向理论的升华，把有限的经验提升为普遍的规律和政策建议。提出的政策建议应该便于操作、可资借鉴，而不是大而化之、漫无边际，让具体工作部门无所适从，这样就不是帮忙而是添乱了。更重要的是，要做到客观公正，处于超然位置，不偏不倚，反映真实情况，而不是为部门代言，选边站队。

延伸阅读：多调查研究才能少"拍脑袋"

　　每月都有 8 天长假，诱不诱人？可若知道，代价是要先连上 22 天班，你是不是会倒吸一口凉气？近日，某地面向部分乡镇公务员的新工作时制刚一推出，便掀起了不小波澜。其中负面评价居多，有人质疑，这样上班能有效率？有人调侃，一月一个黄金周，可惜身子骨受不了……

　　应当看到，这项政策出台的初衷是好的，正如当地介绍的那样，"22+8"既是为了打好"时间差"以服务农民需求，也能为无序加班较多的基层公务员减压，但遭致如此多的差评，也足以说明其有待商榷之处颇多。有论者指出，"连上 22 天班"简单粗暴，像是在"拍脑袋"，且不说身体吃不吃得消，就连"每周至少休一天"的法律规定都被抛之脑后。更何况，大家休长假时，部门如何运转？关门了事，还是轮值留守？如此一来，整个部门会不会落得人手紧缺，那岂不更加剧了"办事难"？面对种种浅显的弊端，笔者不禁要问：决策之前，当地政府有没有展开广泛调查，有没有听取各方意见并充分论证？

　　工作时制可以探索和改革，但前提是要讲法治、讲科学。近些年来，一些政府部门出台的"奇葩"政策不少，究其缘由，不少是"一拍脑袋计上心来"在作怪。诸如"取消双休日""全乡禁酒"等，或令人愤懑不已，或惹人啼笑皆非，招来的非议都不小。这些貌似不大的"小错误"，有的一看不妥就很快纠正了，有的久病不治流弊丛生，但无论怎样，无疑都使得政府公信力大受折损。要知道，"好心"

从来就不是"办坏事"的挡箭牌。止于"好心"赢不得民心，更会让工作陷入某种自我想象的逻辑当中。

从根子上看，脑袋"拍不停"，背后是一些地方长期存在的工作惯性作祟。其一，全面依法治国的当下，部分决策者法治观念依旧淡薄。面对大情小事，"人治"思维还是改不掉，有些新规定漏洞百出，经不起在法律框架下仔细推敲。其二，一些地方官员工作本领尚待提升，解决问题总是"想到哪算哪"，缺少更宏观的把控以及更周全的考量。拿此次调整工作时制来说，更好地服务于民，不只有加班加点一种方式。在优化、简化办事流程等方面下一些功夫，可能更费心思，但却会更有成效。

求新求变值得鼓励，但如何才能不枉费一片好心？破题之钥，当是讲科学、不任性。要深调研、广纳言、多论证，细致考虑、周密安排，如此才能找到政府部门与群众都舒适的平衡点，达到为民服务的目的，实现让群众满意的最大效益。[1]

（三）处理好调查与研究的辩证关系

调查研究包括调查和研究两个方面的内容，但调查与研究是两个不同的过程。调查，是深入实践，熟悉和了解情况，多指到现场进行考察，收集相关材料的感性认识过程，是调查研究的第一步工作，是认识事物的初级阶段。而研究则是指通过对调查所获资料进行分析、综合、比较、抽象、概括和判断，探究事物的真相、性质、规律，形成理性认识的过

---

[1]晁星：《多调查研究才能少"拍脑袋"》，《北京日报》，2017 年 11 月 10 日，第 4 版。

程，是对事物认识的较高级阶段。

在党政实际工作中，一些同志对调查认识比较深刻，而对研究往往重视不够，甚至常常以调查代替调查研究。反映到工作中，问题选择不准、过程事倍功半、报告写得不够深入，这些都与对研究重视不够有关。相对调查，研究可能更为重要，它贯穿于调查研究活动的全过程，并且关系着调查报告的质量，甚至是问题解决的程度。

做好调查研究，调查和研究这两个过程缺一不可。缺少调查或调查做得不够深入全面，很容易使研究过程成为无米之炊，无从下手，调研报告也会漂浮、无力，很难解决实际问题。而缺少研究或研究不够深入，调研报告也会成为材料的堆砌。因此，调查过程必须深入一线，对问题所涉及的方方面面开展深入全面的调查，而研究过程也必须在详尽地占有材料后，认真进行去粗取精、去伪存真、由此及彼、由表及里的分析，分清现象与本质、主流与支流、优点与缺点、主要矛盾和次要矛盾，并从事物的相互关联中发现事物的内在联系和本质特征，找出规律性的东西。

当然，我们也不能将这两个过程截然分开，要调查中有研究，研究中有调查。即在每次调查过程中不断进行分析、判断、综合、概括、总结并形成一定的理性认识，争取在全部调查结束时积累的理性认识就已基本形成调查报告的雏形，从而避免调查完成后再研究的耗时、费力及遗漏等问题。同时，在研究过程中要对遇到的新问题开展进一步调查，从而通过"调查—研究—再调查—再研究"的往复过程，不断加深对事物本质和规律的认识。

总之，调查研究要取得实效，必须把握调查研究中每个阶段及其每一个步骤的特点，运用科学的思想方法，统筹安排好时间和节奏，增强计划性和主动性，真正把调查研究的过程变成密切联系群众、凝聚智慧力量、统一思想认识、提升决策水平的过程。

延伸阅读：让调查研究多些价值增量

示范田里修水泥路，只为方便领导参观，以免弄脏皮鞋和裤子；设置规定路线、精选调研对象，让"迎研"程式化，运作如同旅行社。近日，随着媒体报道不断深入，有关调查研究的种种怪象被聚焦、解剖，引发网友热议。

调查研究是一项优良传统，堪称共产党人的"传家宝"。早在1930年5月，毛泽东同志就在《反对本本主义》一文中鲜明提出，"没有调查就没有发言权"。1988年，习近平同志在福建宁德任地委书记，到任3个月就走遍了9个县，后来又跑遍了全地区绝大部分乡镇，还走山路去了不通公路的偏远山区，这样的调查，生动体现了他所推崇的"吃别人嚼过的馍没味道"的求实作风。

作为一种常用的工作方法，调查研究有助于把握快速变动的实际，从根本上增强政策措施的科学性、针对性、实效性，也是践行群众路线的生动形式。安徽凤阳小岗村党委原第一书记沈浩同志，初到村子就跑遍了全村 108 户人家，驻村 6 年完成 29 本"民情日记"。正是这种扎实的调研，赢得了乡亲们的评价："他眼皮不往上翻，跟咱亲近。"

"不明察，不能烛私。"对调研意义与重要性的强调，怎样都不为过；开展调研，也往往成为推进具体工作的有力抓手。在现实中，对于"要不要调研"，大家一般没有异议，但面对"究竟该怎样调研"，却时常莫衷一是。党的十八大以来，中央狠抓作风建设，调研的风气也为之一新。在一些地方，干部下基层天数是考核的刚性要求，领导干部深入街巷"微服私访"也已成常态。

"踩点式"的走马观花、"盆景式"的只看不问、"报喜式"的探访政绩、"脱节式"的回避落实……细览调研中暴露的各类"虚浮症"，其中一个突出特点，就是参与者忘记了调查研究的初心，为了调研而调研。也正因此，有的调研虽然阵势大、战线长、投入多，表面上接了地气，其实是蜻蜓点水、浅尝辄止，虚情假意、循规蹈矩，最终还是难逃形式主义的窠臼。调查和研究，可谓调研的两个必要环节，不应有所偏废。

头脑空洞，调研自然容易虚空。透视一些调研活动，表面上看或许是干部心态浮躁、认识不到位，追根溯源，则是问题意识欠缺、思考能力不足。带着问题调研，才可能针对现实，进而解决问题。试想，如果缺乏对贫困家庭的积极走访、悉心研究，精准扶贫怎么能够在动态中确保"一个也不能少"？如果没有对多个选址进行调研比对、反复论证，雄安新区规划建设怎么可能做到高起点、高标准？倘若只是"坐着小车转，隔着玻璃看，临走说声'好好干'，什么事也没办"，如此调研可谓毫无思想增量、价值增量。

离开深入调研，就难言科学决策。今天，随着改革日益进入深水区，触及的利益更趋复杂，面临的矛盾更加尖锐。当改革的四梁八柱业已搭建，尤需因地制宜，让务实的调研为改革加油助力，从而确保各项改革举措扎实落地，让群众有更多获得感。习近平总书记强调："研究、思考、确定全面深化改革的思路和重大举措，刻舟求剑不行，闭门造车不行，异想天开更不行，必须进行全面深入的调查研究。"只有重视调查研究，坚持眼睛向下、脚步向下，才能了解基层群众所思、所想、所盼，使改革更接地气。而在改革中大力倡导务实调研的风气，构建重大决策失误责任追究机制，也可倒逼党员干部真正重视调研、提高调研能力。

毛泽东曾指出："调查就像'十月怀胎'，解决问题就像'一朝分娩'。调查就是解决问题。"大兴调研之风、注重调研实效、求取价值增量，就能"察消长之往来，辨利害于疑似"，顺着改革发展的脉络解决种种难题。[1]

第五章

党政调查研究的推广应用与成效评估

调查研究是谋事之基、成事之道，其根本目的是服务于领导决策，成为各级党委、政府的决策依据或施政参考。《工作方案》号召在全党大兴调查研究，推动全面建设社会主义现代化国家开好局起好步。并发出通知要求"在全党大兴调查研究，要紧紧围绕全面贯彻落实党的二十大精神、推动高质量发展，直奔问题去，实行问题大梳理、难题大排查，着力打通贯彻执行中的堵点淤点难点"。

正确的决策离不开调查研究，正确的贯彻落实同样也离不开调查研究。调查研究效果如何和质量高下最终要体现到解决问题，推进工作，促进发展的思路、决策和举措上来。一般而言，调查研究报告通常不能直接指导实际工作，这中间需要一个桥梁和纽带，这个桥梁和纽带就是调查研究的应用推广。通过应用推广，把实际调查研究实践中掌握的实际情况、听取到的意见和建议、查找到的问题症结、凝聚起的智慧力量转化成高质量的专题调查研究报告，继而对其应用推广，转化成思想成果、实践成果和方法成果。例如改革开放和社会主义现代化建设新时期，我们推行"家庭联产承包责任制"、创办"经济特区"、实施国有企业改革等，都是在深入调查研究基础上做出决策并实施，从而取得重大成果的。党的十八大以来，习近平总书记率先垂范，做出重大决策必调研，实施重大战略必调研，推进重大工作必调研，调研的足迹遍布祖国大江南北，企业车间、乡村农户、街头巷尾，从而使各项决策方向正确、目标可行、措施得力。

一、调查研究成果的推广

调查研究是制定科学对策、解决社会难题的条件和基础。调查研究成果应用推广是调查研究工作完整链条上的重要环节，是调查研究成果转化为现实的唯一途径，更是调查研究工作价值的直接体现。调查研究成果的应用推广 是做好调查研究工作的"最后一公里"，是落实调研工作目的的根本点和落脚点，其蕴含的内在逻辑就是掌握情况—深入分析—形成规律性认识—指导工作。

调查研究成果形成后，经过评估与裁量，获得肯定性评价的调研成果就可以进入成果推广应用环节了。一般来说，调研课题来自决策的需求，这决定了调研成果必须要服务于决策的制定。只有把调查研究成果转化为决策，应用到促进社会经济发展的实践中去，调查研究工作本身才有价值。因此，必须研究利用调查研究成果推广和应用的内在规律，对影响其推广和应用效果的环境条件和变量因素有充分的认识和把握，通过科学、有效、规范的程序，推广与应用调查研究成果，使调查研究成果发挥最大效能。

（一）调查研究成果推广的内涵与特点

所谓调查研究成果的推广，是指通过必要的技术手段，使用各种方法，利用各种资源，通过一定的形式，宣传、介绍、推广调查研究成果，使其被广泛了解、承认、肯定和支持的过程。

一般说来，首先，调查研究成果推广的主体为一定的机构或者人员。这些机构或者人员通过采取诸如发布公告通知、收集整理材料、传达投递信息、组织委派人员、创设单位机构等方式实现既定的目标。其中，推广人员宣传推介、解释成果最为重要。其次，调查研究成果推广不是个人行为，而是一定的组织行为，推广活动必须按照明确的组织结构和原则，遵照一定的运行程序和方式进行，在推广主体与客体之间表现为整体互动的行为模式。最后，调查研究成果的推广在组织结构和行为功能方面存在着相互联系、不可分割的整体关系。组织结构是成果推广的前提和基础，行为功能是实现成果推广效果最大化的决定性因素，两者的有机互动构成了完整的调查研究成果推广过程。

调查研究成果推广作为调查研究活动的重要一环，除了具备调查研究活动的普遍特点外，还有其自身的特殊性。第一，推广对象的适用性。调查研究成果自身的特性决定了调研成果在推广过程中必然要明确目标群体，找准作用或者影响对象，根据目标群体特点开展推广工作。只有做到这样，才能使成果推广"有的放矢"，发挥效用。第二，推广影响的广泛性。调查研究成果的推广过程，不仅对目标群体发生作用、产生影响，而且对社会各个方面都会产生不同程度的影响，从而形成推广的广泛性特征。第三，推广活动的多层次性。调查研究成果的推广，一般会涉及社会组织各个层面，既包括领导层面又包括基础层面，既有政府部门又有社会组织，既有城市又有农村。因此决定了调查研究成果的推广必须根据不同社会层次、组织层次、区域层次，采取不同的方法、手段进行，不可千篇一律。第四，推广活动过程的动态性。对调查研究成果的推广，不是一蹴而就的，它往往涉及许多变量因素和环境条件变化，不可能在推广过程中成果与实际完全吻合，必然会随着活动的进展和条件的变化进行调整和修正，在不断调整修正中实现推广的目标。第五，推广活动的连续性。调查研究成果一般都是分阶段分步骤实施，各个阶段不是孤立的、不连续的，而是不断递进、相互衔接和统一的完整链条。上一环节为下一环节奠定基础，提供前提，后一环节是上一环节的活动结果，正是这样连续不断的推广过程保证了最后目标的实现。[1]

---

[1] 丁恒龙，张欣平等：《新形势下领导调研方法与艺术》，中共中央党校出版社，2012 年版。

（二）调查研究成果推广的方式

调查研究成果的推广方式指的是为了完成成果的推广目标和任务，采取的各种手段、方法和措施。调查研究成果的推广方式贯穿成果推广的每个环节，直接影响成果推广的效果和质量，对调查研究成果能否达到预定目标有着重要意义。

《工作方案》在调查研究成果的推广方式上要求充分利用党报、党刊、电视台、广播电台、网络传播平台等，采取多种多样的宣传形式和手段，大力宣传大兴调查研究的重要意义和各地区各部门各单位大兴调查研究的具体举措、实际成效，凝聚起大兴调查研究的共识和力量，营造浓厚氛围。

为了扩大调查研究成果的宣传，其推广方式应该是多层次、多样化的。具体来说，第一，可以通过召开会议的形式，以口语或者书面语等形式向社会和媒体报告、通报相关调研成果，使各界人士广泛了解相关信息。会议推广是调查研究成果推广的普遍方式，属于宣传类型专题推广，有利于聚焦成果，吸引媒体注意，便于沟通。第二，可以通过媒体推广。通过各种传统媒体，如报纸、期刊、广播、电视等，或者新媒体，如互联网、手机终端等推广成果。这种方式受众规模大、传播广、速度快、实效性强，对调研成果的顺利推广实施效果明显。第三，也可以通过文件材料等方式推广。通过印刷文件材料、小册子等，详细介绍成果内容、价值。以这种方式介绍推广，一般内容准确严谨、形式鲜明活泼，有利于准确推广调研成果。第四，还可以通过制定法律法规等方式加以推广。当然，一般来说，调查研究成果的推广形式并不是单一的，特别对于某些特定重大调研成果，需要综合运用多种方式，进行大规模宣传，最终达到推广目标和完成推广任务。

（三）调查研究成果推广的途径

要顺利完成调研成果的推广，必须遵循一定的途径。一般而言，需要以下几个环节。

1. 建立健全组织机构，进行科学有效的推广领导

组织领导是做好推广工作的前提与基础。组织领导是否充分，组织准备是好是坏，直接影响调查研究成果的推广成败。因此，在推广的前期阶段，就必须建立健全相应的组织机构，制定规章、配备人员、调集准备经费和设备、划分岗位职责、分解推广任务、加强领导，为顺利实施推广工作提供重要保障。

2. 明确推广对象，加强推广的针对性

调查研究成果的推广必须首先明确推广对象，使成果推广工作"有的放矢"。如果没有明确的推广对象，无的放矢地开展推广工作，不但不能达到广泛宣传推广成果的目的，而且是对调查研究成果的极大浪费。因此，在选择推广对象时，一定要认真考察、科学分析、反复考量。要注意调研成

果与推广对象之间是否有关联性，推广对象是否具有普遍性和代表性，按照客观、公正、实事求是的原则选择推广对象，以实现真正的推广目标和效果。

3. 研究分析，真实准确地推广调查研究成果

在明确推广对象和受众后，就需要在全面掌握材料的基础上，详尽地开展研究，科学分析，从推广对象和调研成果关联下手，概括和总结成功经验，运用典型事例和数据资料，用准确、科学、生动的语言组织推广材料。材料力求真实可信、活泼生动，既不能夸大其词，也不能妄自菲薄；既要防止扭曲事实，也要避免词不达意。通过科学总结，为顺利推广调查研究成果打下坚实基础。

4. 多种方式宣传交流，提高对推广成果的认识度

调查研究成果的推广目的在于广而告之，通过宣传达到推进工作的目的。所以，应该多种方式并用，多层次、多方面地利用各种媒体、各种手段、各种方式，及时告知社会尤其是特定推广对象，获取社会大众的认识、关注和支持。使推广对象了解调研成果，正确认识其价值，为下一步转化应用奠定思想基础。

5. 积极实施推广，加强监督反馈，保证推广实效

推广工作贵在实施。调研成果推广的实施者必须以积极的态度和主动的作为，使成果内容推广转化为现实。同时，为了避免推广过程中出现不符合推广目标的活动，及时矫正推广过程中出现的偏差，就必须加强对推广实施工作的监督

和检查，建立健全推广实施的反馈机制，保证推广方案的正确全面实施。

二、调查研究成果的应用

（一）调查研究成果应用的意义

调查研究成果的应用，是指有关组织机构为使调查研究成果服务决策、指导实践而提出和确定应用方案，把成果转化为现实的过程。[1]

高度重视调查研究成果的应用转化，既是对调查研究成果价值尊重的体现，也是各级党委、政府解决工作问题，提升工作实效，推动事业发展的重要方法，因此具有非常重要的意义。

重视调查研究成果应用转化是马克思主义政党的本质要求。作为以马克思主义为指导思想的无产阶级政党，坚持辩证唯物主义和历史唯物主义基本立场、观点和方法是应有之义。辩证唯物主义认识论和方法论要求我们党在工作中必须坚持理论联系实际，实事求是，一切从实际出发的思想路线，坚持人民群众是历史的主人这一基本观点，积极主动探寻客观规律，自觉实现主观认识与客观世界的统一，探寻真理，并把真理应用于实践，改造世界。这就要求我们在进行决策时，要了解实际状况，把握主要矛盾，提高工作水平，

---

[1] 丁恒龙，张欣平等：《新形势下领导调研方法与艺术》，中共中央党校出版社，2012年版，第264页。

进行科学决策。作为一项基本工作方法和领导制度，各级领导机关、领导干部深入基层、深入人民群众，面对面地倾听群众意见、建议和呼声，了解基层情况，抓住工作的主要矛盾。这些做法有利于领导干部开动脑筋、研究问题、理出思路、把握规律，深刻了解民情、充分反映民意、广泛集中民智，形成调查研究成果，继而推广转化应用成果，直接为党和政府决策服务；也便于党和政府有针对性地解决群众提出的各种问题，破解发展难题，提高领导决策的科学化、民主化水平，推进工作。这也是中国共产党作为马克思主义先进政党的本质要求和直接体现。

重视调查研究成果应用转化是中国共产党的优良传统和成功经验。新民主主义革命时期，以毛泽东为代表的中国共产党人坚持以马克思主义为指导，通过调查研究，把马列主义基本原理与中国实际相结合，认识并掌握了中国革命的基本规律，形成了毛泽东思想这一重大成果。同时把这一成果运用到指导中国革命的实践之中，探寻出一条适合中国国情的"农村包围城市，武装夺取政权"的中国革命的正确道路，最终领导全国各族人民，推翻了"三座大山"，建立了新中国，取得了新民主主义革命和社会主义建设事业的伟大胜利。党的十一届三中全会以来，以邓小平同志为核心的党的第二代领导集体坚持解放思想，实事求是，在改革开放新的历史时期通过调查研究，探寻改革开放新的历史条件下社会主义现代化建设的规律，形成邓小平理论的理论成果，并应用于实践，找到了成功建设社会主义的中国特色社会主义道路。正如邓小平指出："我们办事情，做工作，必须深入调查研究，联系本单位的实际解决问题。"以江泽民同志为核心的党的第三代中央领导集体通过调查研究，形成了"三个代表"重要思想，提出了全面建设小康社会的宏伟目标。党的十六大以后，以胡锦涛同志为代表的党的第四代中央领导集体同样通过调查研究，提出了全面落实科学发展观、以人为本、构建和谐社会的执政理念，为世界所关注。胡锦涛多次强调："做好调查研究是推进决策科学化、民主化的重要基础。"党的十八大以来，以习近平同志为核心的党中央高度重视调查研究工作。他多次强调调查研究的重要性，指出："调查研究是谋事之基、成事之道。""调查研究，是对客观实际情况的调查了解和分析研究，目的是把事情的真相和全貌调查清楚，把问题的本质和规律把握准确，把解决问题的思路和对策研究透彻。"他形象地比喻道："调查研究就像'十月怀胎'，决策就像'一朝分娩'。调查研究的过程就是科学决策的过程，千万省略不得、马虎不得。"他反复强调用好调查研究这一"传家宝"，做好调查研究这一"基本功"，推动全党大兴调查研究之风。习近平总书记一系列重要讲话和重要指示，为全党大兴调查研究、做好各项工作提供了根本遵循。

党的十八大以来，以习近平同志为核心的党中央在坚持和发展中国特色社会主义的伟大社会革命中创立和发展了习近平新时代中国特色社会主义思想，这一思想中蕴含的许多治国理政战略思想，就是习近平总书记在长期调查研究中形成的成果并转化应用得出的理论结晶。比如，"绿水青山就是金山银山"这一科学论断，就是他在浙江安吉余村调研时提出来的。今天这一调查研究的重大成果已经转化应用，成为党和国家的重大战略部署。

重视调查研究成果应用转化是我们党和国家解决工作难题、推动工作发展的重要法宝。对调查研究工作的重要作用，毛泽东提出"一万年还是要进行调查研究工作"的著名论断。习近平总书记指出："重视调查研究，是我们党在革命、建设、改革各个历史时期做好领导工作的传家宝。"[1]"调查研究是做好工作的基本功""调查研究是谋事之基、成事之道，没有调查就没有发言权，没有调查就没有决策权""好的方针政策和发展规划都应该顺应人民意愿、符合人民所思所盼，从群众中来、到群众中去"等一系列关于调查研究的重要论述和科学论断，为我们在新时代新征程上完成新任务提供了进一步把握事物的本质和规律，找到精准高效化解矛盾、破解难题的办法和路径。

当前，中国特色社会主义进入新时代，党的二十大全面谋划了新时代全面建设社会主义现代化国家，实现第二个百

---

[1]《习近平总书记系列讲话精神学习读本》课题组：《习近平总书记系列讲话精神学习读本》，中共中央党校出版社，2013年版，第136页。

年奋斗目标，实现中华民族伟大复兴的宏伟蓝图，新征程新使命要有新气象、新作为，在全党大兴调查研究之风，是新气象的应有之义，也是新作为的必经之途。面对在全面建设社会主义现代化国家，全面推进实现第二个百年奋斗目标的新征程中出现的新情况、新问题，广大党员干部只有经常调查研究，才能找到解决方法；只有深入到一线调查研究及推广应用其成果，才能转化为解决实际问题、推进工作的政策措施和具体举措，使决策部署更有指导性、针对性，才能在实际应用中产生更好的经济效益与社会效益，更好地为改革开放和经济建设服务，也才能取得领导工作的主动权。同时，调查研究及其推广和应用，也有助于广大党员干部全面了解基层实际，掌握真实情况，做出正确判断，还可以帮助他们增长见识，完善决策思想、工作思路和工作措施，提高他们解决问题的能力和水平。

做好调查研究成果的推广应用是实现调查研究价值、检验调查研究工作质量的重要体现；同时，也是检验调查研究成果使用者领导能力强弱和领导水平高低的重要标志，是圆满完成调查研究工作的"最后一公里"。

（二）调查研究成果应用的具体方式

调查研究和调查研究成果应用是辩证统一的关系，调查研究的目的是应用，应用反过来促进调研。离开成果应用，调查研究就成了无的之矢、无源之水。充分转化应用调查研究成果，解决实际问题，推进事业进步是中国共产党一以贯之的优良传统，是各级党委、政府谋划工作、科学决策的重要依据。正如毛泽东指出："调查研究就像'十月怀胎'，解决问题就像'一朝分娩'。调查就是解决问题。"与学术研究不同，调查研究最大的特点是应用，是解决实际问题。调查研究成果的转化应用就是实现调查研究与解决问题之间的纽带和桥梁。做好调查研究成果的转化运用，就是解决工作的思想问题、实践问题以及方法问题。广大党员干部要把调查研究的成果转化为统一认识的思想成果、决策部署的实践成果，以及解决问题的方法成果，继而贯彻落实，推动工作发展进步。这也是走好调查研究"最后一公里"，圆满完成调查研究工作的重要内容。

1. 应用转化为思想成果

调查研究是马克思主义认识论在实际工作中的具体运用，是中国共产党实事求是思想路线的生动体现，是我们认识客观世界、改造客观世界的一种科学方法，也是我们做好各项工作的前提和基础。调查研究是人们通过社会实践探寻获取客观真理的一种主观能动活动，通过有目的的实践活动，实地考察现场，探求客观事物的真相、性质和发展规律，增强对事物内在规律的认识和把握，最终获得和掌握客观真理，为制订措施方案，解决实际问题，实现工作目标，奠定坚实的思想基础。

第一，调查研究成果的转化运用，可以转化为对真理的掌握，提高对客观世界规律性的认识。真理是客观实际与主观认识的统一，具有绝对性。那么，我们应该怎样通过对客观事实的研究、考察，来达到对客观世界的真理性认识呢？马克思曾经说过，"人的思维是否具有客观的真理性，这不是一个理论的问题，而是一个实践的问题。人应该在实践中证明自己思维的真理性，即自己思维的现实性和力量，自己思维的此岸性"[1]。这就意味着，对客观世界的真理性认识，并不是人们头脑中的纯粹思维过程，实际上是一个现实的实践过程。马克思作为共产主义的创始人，在长达40多年的革命生涯中，通过对英法等资本主义国家进行深入调查与研究，结合大量的历史文献资料与数据，先后发表了《共产党宣言》与《资本论》，为共产主义理论奠定了坚实的基础。毛泽东作为中国共产党和中华人民共和国的主要缔造者，在长期的革命工作过程中十分注重调查研究。他通过深入湖南农村调研，创作出了著名的《湖南农民运动考察报告》；通过对秋收起义部队的深入调研与分析，领导了举世闻名的"三湾改编"，创造性地提出"支部建在连上"的原则，确立了党对军队的领导权；通过对中国社会的调研，根据中国革命的具体实际情况，把马克思主义普遍真理同中国革命实践相结合，科学地提出了"农村包围城市，武装夺取政权"的中国新民主主义革命理论和方针政策，从而取得了解放事业的胜利。事实证明，调查研究是我们获得对客观世界真理

---

[1]《马克思恩格斯选集》（第一卷），人民出版社，2012年版，第134页。

性认识的基本方法。所以，调查研究是一项探索未知世界、认识事物发展规律、寻求解决问题办法的实践工作。科学真实的调查研究成果首先必然是对客观真理的规律性认识，在此基础上再形成思想认识上的统一，进而转化为在深化真理认识基础上的思想统一，为开展工作奠定统一的思想基础。

第二，通过调查研究成果的转化，深化对马克思主义的理解和认识，特别是对中国特色社会主义理论体系的统一认识。因为调查研究的直接目的是要通过切实的调查，获得对事物真相的认识。只有把握了事物的真相，我们才能获得对事实的真理性认识。但是，由于现实社会生活复杂多变的特点，我们在调查研究的过程中常常是真假难辨，有的时候被假象所蒙蔽，甚至以假为真。因此，通过调查研究及其转化，可以排除假象，寻求事物的真相，增强透过现象看本质的能力和本领，深化对马克思主义本质论的理解。同时，在调查研究中形成的成果以及把这一成果进行转化应用的过程，也是对中国特色社会主义的认识统一。尤其是当前，中国特色社会主义进入新时代，其成果转化过程也是对习近平新时代中国特色社会主义思想的深化和统一。

第三，调查研究成果的转化应用，必将增强对党的基本路线、方针、方略的认识；提高对党的宗旨、群众路线、工作路线的自觉性和主动性认识，对党的集中统一和党中央权威"四个意识"的认同和拥护。总之，在调查研究及其转化应用中，必将形成带动全国各族人民坚定不移跟党走，凝聚在党的周围，提高党的政治领导力、思想引领力、群众组织力、社会号召力的客观成果。

第四，通过调查研究成果形成及其转化，也必将形成对我国基本国情、自己工作实际更深认识的成果。作为联系理论与实际的有效途径，沟通认识与实践的知行桥梁，调查研究是我们认识事物、分析问题、探索规律的重要方法。在调查研究中形成成果，转化应用，实际就是把基本情况弄明，为决策提供真实可靠的依据，这样才可能做出符合实际的决策。否则，决策就可能脱离实际、脱离生活、脱离群众，让发展受损。调查研究成果的转化，有助于各级党委、政府吃透上情、接通下情，了解掌握社情民意，对自己工作领域的基本情况、存在的主要困难和问题有更深入的了解，把工作的着眼点和着力点更精准地聚焦在制定相关政策、落实相关措施、解决实际问题上。

2. 应用转化为实践成果

调查研究成果的转化应用最为重要的表现形式是转化为实践成果。调查研究本质上是为了准确地把握快速变动的工作实际，摸清楚实情。它以收集和掌握大量第一手资料为基础，从根本上增强政策措施的科学性、针对性、实效性，全面系统地研究分析，形成高质量调研成果，为科学决策、推动工作开展提供重要依据，以更好地指导发展。习近平总书记高度重视调查研究工作，要求在谋划工作时深入调查研究，遵循客观规律，确定行得通、落得下、可持久的好政策、好项目、好方法。

第一，把调查研究成果应用转化为科学正确的决策部署。调查研究是科学决策的基础，是掌握全局和指导工作的重要手段。通过调查研究，对工作的实际状况进行透彻的研究，在更多层次、更大范围、更广领域准确地把握问题的本质和规律，在此基础上把调查研究中形成的好思路、好举措，转化到推动落实的具体工作中。针对调查研究中发现和暴露的问题，找出问题症结所在，有针对性地转化为解决问题的决策部署，更有效地推动工作发展，形成"以调研促工作"的良好局面。在实践层面，调研成果的转化大体有以下七种形式：一是直接形成决策文件。在调查研究的基础上，依据调查报告对情况的了解、问题的分析及所提出的建议，以决议、决定、通知、指示等形式下发，指导有关问题的解决。二是批转下属单位研究参考。一级组织的领导对重要的调查报告加按语、发通知，以指导性文件的形式发下去，对下级产生一定的约束力，可以使调查报告的内容落到实处，对工作起到直接的推动作用。三是领导批示、表明态度。单位负责同志对下级的调查报告中反映的情况、提出的建议表明态度，提出意见，加以推荐，利用领导人的权威促进转化。四是讲话。把调查研究的成果纳入领导对相关业务工作的指示性讲话和发言，也是转化的重要形式。五是建议案。这是政协参政议政的主要形式。就某一议题经过调查研究，政协常委会讨论通过，形成建议案，提交政府参考，效果往往较好。

六是形成信息、动态，供决策者参考。把调查报告提供的信息、情况、建议，加以摘编、浓缩，运用同领导沟通的有效载体(信息、简报、组工通讯等)反映给上级领导，会起到较好作用。七是公开发表。把原文或改写后的文章发表在报刊上，可扩大社会影响力，起到宣传、教育作用。

　　把调查研究成果转化成实践成果意义重大，有助于破解问题、对症施策、逐项突破，从而提高决策水平、指导促进工作。回顾中国共产党的奋斗历史，每一步的胜利和成功都离不开调查研究，离不开调研成果的应用转化。新民主主义革命时期，以毛泽东《中国社会各阶级的分析》和《湖南农民运动考察报告》两篇文章为起点，党开始探寻中国国情，探索中国革命道路的历程。这两篇文章对形成新民主主义革命的根本战略起到了至关重要的作用。新中国成立后，针对苏美两霸对中国主权和领土的威胁，通过调查研究，以毛泽东同志为首的党中央提出了加强国防建设的号召，通过广大科技人员的共同努力与拼搏，实现了"两弹一星"试验成功的伟大目标，捍卫了国家的主权与尊严。党的十一届三中全会确立了改革开放的路线；而确立这一伟大转折的新路线，开辟建设有中国特色的社会主义道路，是以邓小平同志为核心的党的第二代领导集体充分调查研究世情国情党情，正确分析当时的形势之后确定的战略决策。1980年，针对落后的农村生产现状，邓小平同志经过深入调研与分析，充分肯定了小岗村"分田和包产到户"的成功经验，并迅速推广到全国各地，从而掀起了中国农村经济改革的高潮。历史证明，充分调查研究客观实际，形成成果，继而将成果转化为正确的决策，是党顺利开展工作的成功经验。

对一个党、一个国家而言，转化调查研究成果意义重大；对一个单位、一个部门而言，转化调查研究成果同样意义重大。工作中，如果不了解实际情况，就不可能把工作做好，不能确定正确的方针政策，就要脱离实际，就要出问题。现代社会，领导时刻处在决策状态，不掌握实际情况，就会导致决策失误。一个地区、一个单位的领导对自己所管辖地方的情况如果若明若暗，心中无数，凭主观想象、经验和感觉来决策与指挥，就会导致重大失误。所以，搞好调查研究、掌握真实情况、转化调研成果，是实现科学决策和正确领导的基础和前提。没有这个基础和前提，就会出现决策失误和瞎指挥。

第二，把调查研究成果运用转化为改进作风的重要途径。毛泽东说过，"在全党推行调查研究计划，是转变党的作风的基础一环"[1]。党的二十大强调要以严的基调坚持正风肃纪。各级党委、政府在作风建设实践中，以调查研究为契机，把调查研究成果转化为转变思想作风、工作作风、领导作风和干部生活作风的有效措施。通过调查研究成果的转化，查摆问题，整改工作，帮助广大党员干部透过现象认识

---

[1]《毛泽东选集》（第三卷），人民出版社，1991年版，第802页。

事物的本质，做出正确判断和决策，修正错误，加快推进问题整改，推动进步，达到防止主观主义、转变作风、锻炼党性的目的。在这方面，中国共产党有丰富的经验教训，例如，20世纪50年代末60年代初，由于"大跃进"和人民公社化运动等"左"的错误，我国出现三年工农业产量连续下降以及人民生活极度困难的情况。为了纠正错误、解决问题，1961年全党发起"大兴调查研究之风"的号召。在毛泽东等中央领导同志的带头下，全党从实事求是的思想路线出发，深入基层一线调查研究，发现问题，分析症结原因，把调查研究的成果及时转化为调整社会主义建设的方针政策，最终使国民经济走上正轨。毛泽东后来谈到这次调查研究时，讲道："凡是忧愁没有办法的时候，就去调查研究，一经调查研究，办法就出来了，问题就解决了。"[1] 同时，通过调查研究成果转化，可以增进广大党员干部对基层一线工作的认识，对普通人民群众的了解和理解，密切与人民群众的联系，增进与人民群众的感情，克服官僚主义。正如毛泽东说的，要做好调查研究，"第一是眼睛向下，不要只是昂首望天。没有眼睛向下的兴趣和决心，是一辈子也不会真正懂得中国的事情的"[2]。

第三，把调查研究成果运用转化为整改工作的有效举措。从一定意义上说，开展调查研究是对工作的一次全面巡

---

[1]《毛泽东文集》（第八卷），人民出版社，1999年版，第261页。
[2]《毛泽东选集》（第三卷），人民出版社，1991年版，第790页。

诊，在调查研究中查摆出工作中存在的问题，找出不足，通过调研成果的转化应用把排查出来的问题进行定性定量分析，梳理共性和个性问题，主动作为、认真整改、分类施策、逐项解决、定期督导，促使解决问题，建立健全长效工作机制，推进工作水平整体提升。切实把调查研究成果转化为整改工作的有效举措，在实际工作中消除隐患、补齐短板，推动工作提质增效。

3. 应用转化为方法成果

调查研究的转化应用也是应用辩证唯物主义和历史唯物主义世界观、方法论的必然要求。党的二十大制定了全面建设社会主义现代化国家，实现第二个百年奋斗目标的宏伟蓝图。新时代、新使命、新征程，国际、国内环境复杂多变，形势在发展变化，党和国家的各项工作也在不断深化，这对我们的思想认识和工作能力水平提出了更高要求，对我们驾驭工作的思路和方法也提出了更高要求。特别是对于每天面对纷繁复杂的人群和具体的工作任务的基层党员干部而言，能否学习、吸收调查研究思想的实质精髓，将其转化为工作思路和具体方法，是对广大党员干部能力水平的一个检验。

转化调查研究成果，推动工作进步是我们党的优良传统和"传家宝"，是广大党员干部解决前进障碍与难题的有效方法，是领导干部干事创业的一门基本功和重要的方法论。当前，各地深化改革发展、加快转变经济发展方式的任务十分艰巨，许多新情况、新考验前所未有。要确保少走弯路、少走错路，加强调查研究，加速调查研究成果的转化应用是一种必须遵循的工作方法。作为调查研究工作的重要一环，调查研究成果的转化应用，应该是领导干部的专业必修课。每个地区、每个部门、每个单位，在工作中必然会遇到影响发展和进步的各种各样的情况和问题。解决问题，推动发展，实现目标，迫切需要我们加强调查研究，形成成果，并及时把成果转化为科学有效的应对办法和实际的工作决策，逐一解决问题，推进工作。调查研究成果的转化过程实际上就是增强对调查研究方法认识和训练的过程，通过转化，掌握这个方法论，就是掌握了解决问题、推动工作的思路和方法。通过调查研究，察实情、出实招、办实事、求实效，引领党员干部动起来、沉下去，突出问题导向，紧密结合工作实际，深入"解剖麻雀"，找准问题症结，透过现象看本质，深入思考、总结经验、探索规律，形成较高水平的调研报告。然后，将调研报告转化为解决问题的思路、决策、部署，最终解决问题、推进工作。

（三）当前调研成果应用中存在的问题及原因

调研的目的，不仅是发现问题、分析问题，更重要的是破解难题、解决矛盾。假若调查结束了，调查报告被束之高阁，或者仅在一些期刊上发表一下就万事大吉，那么从小处说是调研成果没体现出价值，造成调研成果资源的浪费；从大处讲，则是对工作的极端不负责任，对事业的失职、渎职。毋庸讳言，当前调查研究工作中存在重调研过程、轻成果转化的不良状况。诸如调研成果被束之高阁、不被领导重视、缺乏落实举措、责任落实不到位等问题在相当程度上存在。这一方面反映出部分党员干部作风漂浮，不严不实；另一方面，也在一定程度上造成智力资源的浪费，挫伤了广大调查研究工作者和研究者的积极性。如何更好更充分地利用调查研究成果，让更多的调研成果得到转化应用，是摆在我们面前的一项重要工作。

1. 部分领导调研成果的转化意识不强

开展调查研究是手段，将调研成果进行有效转化才是目的。但目前不少调研者却常常把调研手段当成调研目的，认为只要写好了一份调研报告或向领导者做了汇报，就算大功告成，完成了任务。他们对自己的调研成果能否被转化，似乎觉得事不关己、漠不关心。一些领导者在进行决策和指导基层工作时，也缺乏自觉运用调研成果和深度开发调研成果的意识，使一些有价值的调研成果无用武之地，只得束之高阁，自生自灭。

2. 一些调研成果质量不高，转化价值不大

调研成果能否转化应用在根本上取决于调研成果的质量高低。调研成果揭示的问题是否符合客观实际，提出的观点是否全面、准确，意见建议是否具有创新性和可操作性，这是影响调研成果转化的关键。但从目前情况看，有些调研

报告层次不高、深度不够，想象型、组装型、浅表型、交差型的调研报告较多，提出的意见建议没有紧扣当前工作重点、难点和热点，远离当地实际和领导者决策需要，缺乏独到见解和新意，空洞无物，价值不高，可操作性不强，影响了调研成果的转化。有些调研在过程中也存在深入基层、深入群众、深入实际不够的问题，只是从机关到机关、从部门到部门，靠打电话、听汇报、看材料来了解情况，这种调研方式必然会影响调研质量，调研成果自然也就难以有效转化应用。

3. 调研成果的转化时机不适

"言当其时，一字千金；言背其时，一文不值。"调研成果只有选送在领导者需要时，尤其是决策之前，才易以文件、政策、方案、计划和领导者讲话等形式得到转化。在实际工作中，有一些调研者由于不懂或不注意调研成果的转化具有很强的时机性，在选送调研成果时，不是雪中送炭，而是雨后送伞。当领导者需要调研成果作决策时，拿不出高质量的调研成果；而当领导者不决策或不需要调研成果时，却频频将调研成果乱送，使一些选题较好、质量较高的调研成果，由于不适时，错失转化时机，成了无效劳动。

4. 调研成果的转化渠道不畅

按理说，调研成果的转化渠道应该是多种多样的，比如领导决策、报刊宣传、会议推荐……这些渠道不管哪一条，只要将调研成果付诸实施，产生了一定的经济效益或积极的社会效益，都应视为得到了转化。但在不少人的传统观念中，调研成果的正宗转化渠道只有一条，那就是领导决策渠道。调研成果若是被这条渠道所采纳，就意味着转化成功；若未被这条渠道所采纳，就被认为是一种浪费。由于诸多的主客观因素，调研成果未被领导决策渠道采纳者居多，故常被大家误认为是调研成果转化不好。

5. 缺乏行之有效的转化机制，成果转化参差不齐

调研成果能不能得到转化，很大程度上取决于参与决策的各级领导者。近年来，各级党委和政府部门普遍重视调研报告。但由于办理和反馈环节上的不完善，具体的办理过程和办理结果如何，相关人士没有渠道了解，难以达到预期效果。长期以来，对各级领导者参与调研工作特别是做好调研成果的转化工作要求，基本上只停留在一般性的号召和原则性的要求上，缺乏有效的激励机制和制约机制。一些领导者即使决策失误，也不会从调研成果的转化上去找原因。于是，一些领导者不仅在思想上不把调研成果转化当成一回事，而且在决策时也不积极运用调研成果，仍凭经验、凭意志、凭直觉去"拍板"。由于一些领导者对调研成果的运用重视不够，特别是在决策的关键时刻不把调研成果派上用场，调研成果转化难的问题也就不奇怪了。

（四）调研成果应用的途径与方法

1. 提高思想认识，加强组织领导

统一思想，提高认识，是调研成果转化应用的前提条件。毛泽东说过 "调查研究就是解决问题"。调查研究只有回到实践中去，解决实践中存在的问题，才能产生一定的效益，显现其作用，否则，调研就是"空调白研"，调研成果就是"死成果"。因此，只有弄清调查研究的最终目的和调查研究与解决问题的辩证关系，才能使调查研究具有生命力，使调研成果得到转化应用。调研成果能否得到有效转化，各级党委、政府的重视程度是重要的前提和基础。各级党委、政府应高度重视调研成果的转化，逐步确立越是任务重、难度大，越要通过调研找依据、依据成果作决策的理念，进一步改进作风，增强决策的透明度。凡是重大战略和重点工作，都要以高质量的研究成果做支撑，广泛听取各方面的意见和建议。对调研报告提出的重要意见和建议，各级党委、政府应认真研究、积极采纳、抓紧办理，不能敷衍了事。同时，在促进调研成果的转化和应用中，还要充分调动各方面的积极性，加强各部门的积极支持和协调配合，形成合力。各部门要积极提供支持和配合，加强信息沟通，增进联系合作，主动加强有关部门之间和内部机关之间的联系，对调研报告中涉及的本单位、本部门工作的对策建议，要进行专题研究、充实完善，并认真吸收落实。对一些意见建议在实施过程中出现的新情况、新问题，应及时进行沟通，将调研成果转化为工作思路和促进工作的具体措施，推动政策更好地发挥效能以确保调研成果转化的有效性和实效性。采取有效措施，切实地在工作中加以应用，推进调研成果转化为发展成果，及时地将调研成果的采纳落实情况与调研成果负责人进行沟通和反馈。

2. 调研工作的成功转化，还需要加强组织领导

领导带头，以上率下，对调研成果转化工作进行统一安排部署，保证调研成果转化的顺利实现。在具体实践中，要坚持把调研成果的转化应用工作纳入重要议程，加强落实转化应用工作的领导。定期召开专门会议研究部署调研工作任务，明确工作重点，制订工作措施。在调查研究工作中，还要建立健全领导责任制，由主要领导牵头亲自抓、分管领导具体抓，落实岗位目标责任制，分解落实调研成果转化任务，将每个调研课题成果的转化应用工作分解落实到相应的领导，层层明确责任。建立调研工作联系点制度，推动调研成果转化应用工作不断深化。在转化落实过程中，要找准重点，使其作为破解工作薄弱点的突破口，全面协调推进，解决系统性、共性问题，确保调研成果转化质量。同时，及时向上级报告调研成果运用的情况。在转化应用结束之后，各级党委、政府部门要系统地总结各地调研成果转化工作的经验，使之理论化，从而指导和推动转化工作的深入开展。

3. 加大宣传力度，营造调研成果转化的良好环境氛围

做好调查研究成果转化应用，宣传工作必不可少，要通过广泛深入的宣传为调研成果的转化应用营造出浓厚氛围和良好环境。可通过电视、广播、报纸、杂志、网络等媒体全面宣传调研的转化成果，让广大人民群众进一步了解调研工作，对调查研究工作有正确而深刻的理解，增强对调研成果转化应用重要作用和意义的认识，承认调研成果的重要价值。以此获取社会广泛支持，实现成果更大范围的传播和资源共享，让知识产权和信息资源发挥出最大效应。在调查研究成果的转化应用宣传中，要充分利用网络技术和手机等新技术、新媒体平台，加强调研成果的网上信息交流，开辟成果展示平台，及时刊登最新信息，介绍经验，展示成果，扩大社会影响力，提高社会效益。

4. 多种举措并举，拓宽调研成果转化渠道

做好调研成果转化，使其真正体现价值，要多管齐下，积极拓宽渠道，通过多种措施，把调研成果和工作有机结合起来。

要坚持把搞好调研成果的多渠道、多层次转化作为提高调研工作质量，推动整个工作上水平的关键环节来抓。在注重把调研成果转化为领导决策的同时，还要把调研成果转化与加强工作指导结合起来，与其他工作结合起来，与更深层次的调研结合起来。既努力实现调研成果的一次性转化，也注重抓好调研成果的阶段性转化。在实际工作中，每完成一

项调研课题后，都应组织专门人员研究和确定调研成果的转化途径，在一定范围内积极推广利用，努力争取好的效果。要把调研成果与行使职权相结合，让调研成果成为各级党委、政府行使重大事项决定权、监督权、任免权的重要依据，使调研成果在提供决策服务中实现转化。要完善调研成果交流平台，加强和本级党委、政府的横向交流，以及和各级党委、政府的纵向交流，使调研成果转化应用更具有可操作性，从而切实提升整体工作水平。积极制定激励机制和竞争机制，进一步完善体制机制，通过调研成果转化指标考核、督促工作，奖励先进，惩戒落后，形成转化的良好氛围和制度保障，调动各级党委、政府成果转化的主动性与积极性，激励各方参与调研成果转化工作。

5.加强管理，强化跟踪督办，提高转化成效

做好调研成果的转化应用，必须加强调研工作的管理，为调研成果转化提供坚实保障。首先，建立健全调查研究制度，确立对调研工作的指导思想、基本任务、组织领导、机构建设、人员配备的制度安排，及时对调研成果交流方式、转化方式等做出具体规定，落实调研工作与工作目标、岗位责任、课题执行、工作协调、考核评比、总结表彰等的详细规定。其次，保证调研成果的质量。对调研成果，要坚持高标准、严要求；对调研成果的内容，必须重点强调"六性"，即专题性、可行性、新颖性、科学性、预测性、普遍性，提

高和保证调研成果质量。最后，优化调研队伍结构，组建高质量的调研队伍，努力构建干部、群众、专业人员、兼职人员四结合的调研队伍合理格局。

调研成果能否有效转化，很大程度上取决于调研成果转化的督促反馈机制。良好的督促反馈机制是提高调研成果转化的重要保障。调研成果转化要取得实质性的成效，还要不断建立和完善调研成果转化的督促反馈机制，加强跟踪督办，狠抓落实。对于调研成果中的建议意见，要及时了解领导批示情况，跟踪上级党委、政府的相关决策，适时听取相关单位的落实情况汇报。同时，对个别落实难度大、时限长的问题进行持续性监督，促使调研成果尽快转化为决策并应用于实践。对调查研究成果中排查出的问题应建立问题清单，明确整改要求，建立整改进度报告制度，将整改落实情况与年度工作综合评估挂钩。建立领导负责、对口联系制度，成立专职机构负责整改督导，开展定期和不定期督导检查，暗访检查责任部门，加强相关部门协调沟通，定期通报整改进度，对整改工作进行"回头看"。分类建立问题整改台账，逐项整改销号，解决问题，督促工作。

总之，开展调查研究，目的是应用，为科学决策服务、为提高领导水平服务。调研成果绝不能束之高阁，要积极作为，努力转化为科学决策、推动发展的新招实招，实现调研效果的最大化。

（五）对调研成果应用的评估

调研工作的最后一个环节是对调研成果应用转化进行评估。通过对调研成果的转化应用效果的测评考察，可以分析和衡量调查研究方案在执行过程中所产生的社会效果和影响，准确判断和把握调研成果使用部门工作的绩效和业绩，促使其提高工作水平。调研成果转化应用效果的评估和测评内容包括下面五点：第一，对调研成果转化应用的可行性测评。例如，其转化应用的背景、目的、条件、价值、可能性、现实状况以及可能产生的效果等。第二，对调研成果转化应用过程中可能产生的经济效益评估。包括直接经济效益和间接经济效益、显性经济效益和隐形经济效益等内容。第三，对调研成果转化应用影响的评估。包括其经济影响、政治影响、社会影响、环境影响等多方面内容。第四，对调研成果应用单位的评估。包括其预定绩效与实际绩效的契合度评估，人员素质、作用发挥、责任承担、适应性、灵活性、效率等方面的评估。第五，对调研成果的转化应用持续性评估。包括其效果的可持续性、相关政策管理机制、技术条件、物质保障等方面的内容。

调研成果转化应用后，并非已经达到调研的目的，最终还是需要时间和实践的检验，才能完成调研服务于决策、服务于实际工作、服务于理论研究的目的。因此，调研成果的运用实际上是一个从认识到实践，到再认识、再实践的循环过程。调研成果是否符合实际、符合实践，必须通过一定方式和实践的评估加以证明和体现。

第六章

党政调查研究报告的撰写

一、党政调查研究报告概述

（一）党政调查研究报告的作用和特征

党政调查研究报告是在调查研究获取了材料、得出了结论后形成的书面报告，是党政调查研究工作的书面表达和主要成果。对于党政机关而言，调查研究报告往往用来反映具有普遍意义的或关键性问题的情况，适用于制定方针政策、解决复杂难题、查明事件真相、跟踪重大工作项目、推介新兴事物、介绍典型经验等。它是党政机关推动工作的重要手段，是反映社情民意的重要载体，是进行科学决策的重要依据。[1] 党政调查研究报告侧重于研究及结果，要求在调查的基础上深化研究，它必须以调查为前提，以研究为落脚点。

撰写目的方面。党政调查研究报告应明确、直接地为推动工作服务。《工作方案》指出，在全党大兴调查研究，要紧紧围绕全面贯彻落实党的二十大精神、推动高质量发展，直奔问题去，实行问题大梳理、难题大排查，着力打通贯彻

---

[1]夏行：《调研报告的创作方法与写作技巧》，《领导科学》，2014年第34期，第35页。

执行中的堵点淤点难点。从文体上看，党政调查研究报告属于应用文体，因发现问题而起，以分析问题而作，为解决问题而写。毛泽东主张，调查"是为了得到正确的阶级估量，接着定出正确的斗争策略"。可见，进行调查研究工作必须具备明确的问题意识，敢于正视问题、善于发现问题，以解决问题为根本目的，真正把情况摸清、把问题找准、把对策提实。作为该项工作的重要组成部分和成果，撰写党政调查研究报告也必然是有计划、有准备、能动的写作实践，是根据党政机关工作的需要，进行有意识、有目的的探索和研究，通过了解新情况、新问题，运用习近平新时代中国特色社会主义思想的世界观、方法论和贯穿其中的立场观点方法，进行深入分析、充分论证和科学决策而形成。只有带着解决问题的明确目标，党政调查研究报告才能主题鲜明、重点突出、建议清楚、措施具体。只有事先定好"位置"，把握好"角色"，党政调查研究报告才有意义和指导作用。正因如此，对于撰写者而言，党政调查研究报告选什么题、取什么材、为什么用，都是要认真考虑的问题。

撰写内容方面。党政调查研究报告特别注重用事实说话，尤其是用典型事实说话。如前所述，党政调查研究报告反映的是调查研究的结果，其根本特征就是实事求是，以调查所得的事实为唯一凭据，不唯书、不唯上，只唯实。一方面，党政调查研究报告反映的所有内容、采用的所有材料都必须是研究者通过深入细致的调查后亲自获得的，那些捕风捉影、以讹传讹的内容绝不能在党政调查研究报告中出现。另一方面，党政调查研究报告所阐发的结论，必须立足于对客观事实的缜密分析并以真实客观的材料加以佐证，不可凭空捏造、无端推测。此特点，是党政调查研究报告同其他文体存在的鲜明差异。现实中，之所以存在有的调查研究报告失实的现象，其原因主要体现为：一是在调查研究阶段不够深入细致，导致获得的具体事实存在偏差；二是报告中表达得不够客观，表述得太过绝对，与实际情况存在偏离；三是盲目追求报告语言的生动，添油加醋；四是为了博取关注、哗众取宠而扭曲角度。这些都违背了真实客观的原则，是不合格的调查研究报告，甚至可能给决策带来误导，造成工作损失。

另外，由于典型案例最能反映事物的本质与一般性规律，因此，党政调查研究报告所采用的论据往往是具有典型性的，是对工作有指导意义的，是最具说服力的。

写作手法方面。党政调查研究报告多采用叙议结合的手法。撰写调查研究报告以事实为依据进行分析、判断、抽象、归纳、综合、提炼，通过科学的理论概括，找出带规律性的认识，使之成为人们行动的向导。撰写报告前的大量调查研究工作所获取的是事实和材料，这就决定了在写作手法方面，党政调查研究报告必然大量用到叙述的表现手法。但党政调查研究报告的目的是从这些事实中概括出观点，为工作提供指导。一篇合格的党政调查研究报告，绝不是大量材料的堆叠，还包括针对调研内容进行的分析、综合、研判。撰写党政调查研究报告应把握事物内在的规律，选取最具说服力的论据并对其进行合理安排，进而提炼出正确、科学的观点。因此，党政调查研究报告除了有对事实的翔实叙述外，还必须有恰如其分的议论，有对主题思想的深刻表达。

语言方面。党政调查研究报告的语言应简洁明快、朴实准确。如前所述，党政调查研究报告包含充足的材料和恰当的议论，它没有细腻的描述，也没有强烈的渲染。一篇好的报告，叙述事实应干净利落，理论概括一语中的，平易、直白、实在，应多采用概念成熟的专业用语，没有任何重复、啰嗦、烦琐、拖泥带水的表达，少有晦涩生僻、句式复杂的词句。当然，适当地追求生动是值得提倡的，但必须以说明问题为前提。

（二）党政调查研究报告与其他调查研究报告的区别

党政调查研究报告与一般调查报告、学术研究性报告相比，在以下方面存在显著差异。

用途方面，旨在对党政机关的决策提供参考和依据。根据《工作方案》，调查研究要"更好为科学决策服务，为提高党的执政能力和领导水平服务，为完成新时代新征程的使命任务服务"。党政调查研究报告针对工作的问题和需要，重点在于为推进党和政府的工作、维护人民群众的根本利益，反映情况、出谋划策，具备较强的政策性。其他的调查研究报告则各有自身行业范围内或新闻方面的目的。

选题方面，更强调全局性。所谓全局性，是指党政调查研究报告所要研究和解决的问题往往是对本地区、本部门具有深刻影响的全局性的重大问题。与一般的调查研究报告相比，党政调查研究报告应当体现站位的高度，不是纠结于一些无足轻重的细节问题，而是紧紧围绕中心工作，在基础性、全局性、战略性的问题中发掘选题；围绕一定时期内党和政府的重大部署、重点工作选题；围绕关涉人民群众根本利益的热点、难点问题选题。

材料选择方面，更强调准确性和典型性。与其他的调查研究报告相比，党政调查研究报告在材料的准确性方面要求更高。由于党政调查研究报告的结论是以调查到的事实材料为根本和唯一依据的，材料的可靠性和准确性直接决定了结论的正确性和科学性，对解决实际问题也将产生重要影响。因此，为了确保结论不产生偏差，党政调查研究报告所使用的材料不可有任何虚构的成分，对材料中的所有细节都必须进行细致核实。

表述方面，更强调态度的鲜明性和遣词造句的准确性。党政调查研究报告是为决策服务的，是为了解决某一实际问题而撰写的。因此，一方面，报告所体现的立场，即报告中对某一现象是批判还是褒扬，对某一观点是赞同还是驳斥，都是彰明较著、态度明确的，而不存在似是而非、拖泥带水的表述。另一方面，报告需要陈述问题发生发展的起因、过程、趋势和影响。在报告中，遣词造句的准确性，尤其是一些专业名词的运用是否得当，决定了能否最大限度地还原现象，决定了决策者对报告内容的把握程度，也在一定程度上决定了报告成果转化的实践价值。

（三）党政调查研究报告的类型

根据调研的目的和内容，党政调查研究报告可划分为反映情况型、总结经验型、介绍新生事物型、揭露问题型四类。

反映情况型。这类调查研究报告一般是介绍和分析社会生活中某一方面的情况及其变化发展的倾向，其目的是把某一方面的问题搞清楚，作为处理某一问题、进行某项决策的依据或重要参考。此类报告的写作重点应是真实、客观、全面。

总结经验型。这类调查研究报告主要是某个地区、单位、部门或者个人，在某一方面表现突出，并且存在值得在更大范围内推广的经验时，党政机关对此进行深入调查研究后，加以总结并形成报告。这类报告注重揭示典型经验中所蕴含的共性，并与其鲜明生动的独特个性结合起来，是一种用典型指导工作的有效方法，往往能够产生广泛的指导意义。

介绍新生事物型。这是针对社会现实中某种新近发生或新近有了长足发展的，对党政机关的工作或者人民群众的生活能产生较大影响的事物而写的调查研究报告。此类报告往往详尽描述和探究了新事物的兴起、壮大的全过程，阐明其意义和作用，探索其趋势，挖掘其普遍性，从而对新事物起到促进、扶持的作用。

揭露问题型。此类报告的主要任务是通报情况、揭露问题。报告运用所获取的材料，找到矛盾发生的起因、爆发的过程、产生的不良影响、解决和补救的建议，以及给予人们的警示。此类报告不仅可以用来澄清是非、辨明真伪、教育群众，还可直接用作对有关责任单位和责任人进行处理的重要依据。这种类型的报告，政治性、原则性强，要求结构严密、事实确凿、文字准确，写作难度比较大。[1]

二、党政调查研究报告的选题

（一）选题的重要性

"提出一个问题比解决一个问题更重要。"选题是撰写调查研究报告的起点，是前提性环节，也是最重要的一步。目标明确、纲目清晰，调查研究才能有的放矢、顺利进行。

选题在一定程度上决定党政调查研究报告的价值和效用。通过选题，就可以大体看出调查研究的方向和水平，选题的好坏也对一篇党政调查研究报告是否具备实践参考的价值有着举足轻重的作用。选题是需要经过多方思索、互相比较、反复推敲、精心策划的，一经确定，就表明党政调查研究报告的框架已经基本形成。可以说，选题的价值在一定程

---

[1]孙西克：《调研报告写作谈之一：理论篇》，《世纪行》，2008年第2期，第43页。

度上决定了报告的价值，选题做不好，再完善的结构、再严密的分析也难以弥补这一缺憾。

选题统率着党政调查研究报告的基本方向和内容。调查研究的逻辑次序说明了在确定选题之前，作者已经对材料进行了反复深入的整理和研究。随着资料的积累、思维的渐进深入、各方意见的汇集，不断产生新的思想火花。但这些思想火花是零散的，对党政调查研究报告的主题进行佐证的程度还无法预估。因此，对这些内容的甄别和集中就显得尤为重要。从对个别事物的个性认识上升到对一般事物的共性认识，从对对象的具体分析中寻找彼此间的差异和联系，从个别到一般，这个分析与综合、归纳与演绎相结合的逻辑思维过程，必须以确定的选题为统帅，才能使写作方向逐渐明晰，报告的立足点、论证的角度、基本的结构也才能够大致确定下来。

（二）选题的基本原则

党政调查研究报告的选题，不能凭借个人好恶，也不能盲目追逐热点，而必须密切围绕全面贯彻落实党的二十大精神、推动高质量发展选题，紧跟中心工作选题，围绕现实问题选题，回应群众呼声选题。

实用性原则。党政调查研究报告的选题过程是调查研究工作的重要环节，具有鲜明的目的性，是为决策服务的，能为了解情况、指导工作提供参考的。因此，在选题时，首先要考虑的就是满足党政机关工作的需要。这种实用性的大小，决定了党政调查研究报告价值的大小。所以，在选题时，一定要注意选择在现实社会发展中具有关键性的问题，选择那些受到社会关注的问题，选择那些亟待解决的问题。尤其要善于抓住具有方向性、倾向性、预见性的问题，尽可能使报告的选题与一定时期内的主要工作在思路上共振、在时机上吻合、在意向上趋同、在需求上贴近。

创新性原则。文贵求新，调查研究报告的选题应具备一定的新意，也就是要尽力选择他人没有研究过或研究不多、不深的问题。一篇好的党政调查研究报告，需要解决前人没有解决或没有完全解决的问题，进行前瞻性思考，以敏锐的目光发现方向性问题，找到症结所在并努力进行探索突破，通过报告展现调查研究的独到之处，展现新情况、提出新观点、给予新启迪。而调查研究报告要有新意，前提就是选题要新。党政机关的调查研究具有很强的现实性、实战性，通过深入思考探索，可以产生大量拓展式、创新性课题。

可行性原则。撰写党政调查研究报告之前，必须要冷静考虑该选题在现实中的可行性。如果在选题时对此不做充分估计和分析，就很难顺利完成调查研究报告的撰写任务。具体来说，一是要考虑到现实的主观条件，例如撰写人员的知识结构、研究能力等。二是要考虑到现实的客观条件，例如资料、经费、时间、写作条件等。总之，要根据已具备的或通过努力可以获得的条件，扬长避短地进行选题。

时效性原则。由于党政调查研究报告是为党政机关的工作和决策服务的，而客观事物又是在不断变化的。因此，尽管没有新闻类调查研究报告的时效性要求那样严格，但党政调查研究报告的选题也必须具备一定的时效性，及时、迅速、敏锐地针对当前一个时期的热点问题选题，围绕可能会引起相关部门重视的问题选题。在选题时就把握好时机，同时体现一定的预见性，这是党政调查研究报告能够真正成为解决问题的决策参考的重要前提。

（三）选题的基本方法

围绕重点问题选题。马克思指出，所谓问题，"就是公开的、无畏的、左右一切个人的时代声音。问题就是时代的口号，是它表现自己精神状态的最实际的呼声"[1]。党政调查研究工作必须与党和政府的中心工作相一致，在调查研究中去捕捉日常工作中可能遗漏的、难以发现的情况，为党政机关决策提供新的思路。在选题阶段，就必须把党和国家的路线、方针、政策与调查研究的实际情况结合起来，使选题既符合中央精神，又切合地方实际，这是使调查研究报告所提出的建议具有决策的参考性和实施的可操作性的重要基础。只有紧紧把握工作重点，从关键性问题入手选题，开展调查研究，才能形成针对性强、价值大的调查报告。因此，要选好题，一个基本要求就是要了解当前一个时期的工作重

---

[1]《马克思恩格斯全集》（第四十卷），人民出版社，1982 年版，第 289-290 页。

点，围绕贯彻落实党中央决策部署和习近平总书记对本地区本部门本领域工作重要指示批示精神的主要情况和重点问题，围绕贯彻新发展理念、构建新发展格局、推动高质量发展中的重大问题，围绕全面深化改革开放中的重大问题等进行选题。

围绕突出问题选题。突出问题往往是本地区、本部门暴露出的比较明显、反映较为集中的矛盾和问题。它包括下列内容：一是人民群众有强烈意见、亟待解决的问题。衡量党政调查研究报告的质量如何，说到底是要看人民群众是否认同、是否能够给人民群众带来实惠。只有真切回应群众诉求、实实在在解决群众现实问题的选题，才能体现我们党的根本宗旨，才是有价值的选题。那些与人民群众生活息息相关、牵涉面广、集中体现社情民意的问题，其如何解决、解决得如何，是党政机关开展调查研究时最应关注的问题。二是本地区、本部门在经济和社会发展的过程中存在的痼疾和难题。对于那些短期难以彻底解决的、制约经济和社会发展的瓶颈问题，解决得如何，对整体工作的开展将起到重要作用。围绕难点选题，找准难点在哪里、制约因素有哪些、有何种危害、今后如何解决，容易形成共振，成为决策参考[1]。

围绕争议性问题选题。那些争议较大、值得研究辨析的问题，往往是某项事物发展的关键，最能体现调查研究报告

---

[1]啸风：《党政机关调查报告选题的方向》，《办公室业务》，2003年第8期，第21-22页。

的深度。围绕争议性问题选题，主动出击，运用通过深入调查研究获取的素材，描述真实的情况，提炼出科学的观点，拿出建设性的方案，对消除和解决争议，使党政调查研究报告获得较好的社会反响和实际效果有重要作用。

围绕典型问题选题。典型有正面和反面之分。正面典型是那些被现实证明了的，确实具备推广价值的好经验、好事物。围绕这样的正面典型选题并撰写党政调查研究报告，是在实践中进行调查研究工作的重要方法。这类选题往往对相关部门和人员进行正确、科学的决策有正面借鉴的价值。因此，党政调查研究报告在选题时，应善于捕捉和发现正面典型，总结推广新经验、新做法，充分发挥典型对全局工作的借鉴和指导作用。而围绕反面典型选题并撰写党政调查研究报告，主要是指通过对现实中发生的问题进行深入探索和分析，针对问题和矛盾发生的原因、各个阶段存在的疏漏等进行系统梳理和剖析，旨在吸取教训，防止类似问题的再次发生。

围绕特色性问题选题。围绕本地区、本部门存在的特有问题进行选题并撰写调查研究报告，是使党政调查研究报告具备独特性的重要方法，是提升选题价值的有效手段。这就要求在选题时，既要站位高，也要接地气，充分地将特色内容纳入选题的考虑范畴。一是地域特色，即一个地区所具备的独特区位和独特资源等。二是工作特色，即本地区、本部门的亮点。三是特色问题，即一些亟待解决的、特有的突出问题。要做到围绕特色性问题选题，一要有强烈的创新意识。创新是党政调查研究报告的活力之源，要避免那些毫无新意、人云亦云的选题。二要选准新角度。撰写党政调查研究报告时应善于运用辩证的思维方式，努力从不同角度、不同侧面观察和研究问题，挖掘、提炼出具有鲜明特色的选题。

围绕倾向性、趋势性问题选题。开展调查研究工作，不仅是为了正确地观察和认识客观世界，更重要的是在总结规律和把握趋势的基础上提出富有远见的对策。调查研究人员要站在全局工作的角度，通过综合、分析、观察，发现倾向性和全局性的问题，要善于从复杂的社会生活中发现、捕捉、挖掘倾向性、趋势性的问题，并寻求解决问题的办法。一方面，要善于抓苗头、抓动向、观察分析，广泛听取群众意见，细心揣摩群众心理，精心筛选出合适的选题；另一方面，要善于对事物发展的态势、面临的环境、条件和结果进行科学预测，并从中找到有价值的选题。

三、党政调查研究报告对材料的收集和整理

（一）收集真实可靠的材料

调查研究活动是我们获得对客观世界真理性认识的基本方法，也是贯彻实事求是思想路线的根本途径。而材料是党政调查研究报告的血肉，因此收集材料至关重要。如前所述，党政调查研究报告的根本目的是解决实际问题。只有做

到材料客观真实，才能找出规律性的东西，并得出符合实际的调查结论。撰写党政调查研究报告必须从客观的实际情况出发，收集真实可靠的材料，如实地反映调查研究结果。毛泽东在《改造我们的学习》一文中指出："马克思、恩格斯、列宁、斯大林教导我们认真地研究情况，从客观的真实的情况出发，而不是从主观的愿望出发。"[1] 此段话清晰地表明，不仅要客观地去进行调查工作，而且要客观地将调查所得在报告中体现出来，切忌材料弄虚作假。现实社会生活复杂多变，在调查研究的过程中，真假难辨的情况经常存在，要想撰写一篇合格的党政调查研究报告，就必须在收集材料时运用科学方法，最大限度地排除假象，收集真实可靠的素材，以便寻求事物的真相。如果获取的素材不够可靠，那么撰写出的党政调查研究报告就失去了价值。

（二）全面系统地占有材料

经过深入细致的调查后，应该全面系统地占有材料，这是透过现象揭示本质的前提。正如马克思所说："研究必须充分地占有材料，分析它的各种发展形式，探寻这些形式的内在联系，只有这项工作完成以后，现实的运动才能适当地叙述出来。"[2] 毛泽东指出，只有材料十分丰富、符合实际，才能创造出正确的概念和理论。理论抽象的每一步进展，都必须针对和依据材料，研究过程中所得到的每一个共性、规

---

[1]《毛泽东选集》（第一卷），人民出版社，1991年版，第123页。
[2]《马克思恩格斯选集》（第二卷），人民出版社，1972年版，第217页。

律性认识，都是对现象的集中反映。因此，对材料的占有程度，决定了研究报告的深度和广度。

　　全面、系统地占有材料是写好调查研究报告的重要环节。所谓全面，就是在获取材料时，要针对问题的各个方面进行收集。既要占有现实材料，也要占有历史材料；既要占有正面材料，也要占有反面材料；既要占有典型材料，也要占有一般材料；既要占有直接材料，也要占有间接材料。当然，由于社会生活的不断变化和矛盾的不断往复，一切研究都存在局限，都是不断发展的，因此"全面"这一对材料收集的基本要求，只能是相对而言的，是服从于研究的目的和角度的。所谓系统，就是避免获取的材料支离破碎、片段零散，要确保材料能够准确体现事物的前因后果。恩格斯指出："即使只是在一个单独的历史实例上发展唯物主义的观点，也是一项要求多年冷静钻研的科学工作，因为很明显，在这里只说空话是无济于事的，只有靠大量的、批判地审查过的、充分掌握了的历史资料，才能解决这样的任务。"[1] 可见，调查研究报告所占有的材料不能是孤立的、片面的，而应该是可以放在宏观的、历史的层面进行分析的系统性材料。只有在占有材料时就做到全面系统，才能在研究分析时找准规律、提炼出准确的观点，从而有效地指导报告的撰写。

---

[1]《马克思恩格斯选集》（第一卷），人民出版社，1972年版，第118页。

（三）严格甄别材料

毛泽东说："要完全地反映整个的事物，反映事物的本质，反映事物内部的规律性，就必须经过思考作用，将丰富的感性材料加以去粗取精、去伪存真、由此及彼、由表及里的改造制作工夫，造成概念和理论的系统。"[1] 全面系统地占有材料之后，就需要运用科学方法对这些材料进行细致比较、甄别，找出最为贴近的材料。

在甄别材料时，要特别注意以下几种类型：一是典型材料，也就是那些最具有代表性、最能体现事物本质、最有利于阐明和佐证观点的材料。二是综合性材料，也就是能说明事物总体情况的材料，最能够充分表明事物发展全过程的材料。三是对比材料，也就是最具备可比性、冲突性的材料，最能凸显出调查研究报告观点的材料，最能带给读者冲击力的材料。四是数据材料。

现实中，即便掌握的材料数量大致相同，因作者的差异和选材角度的不同，写出来的党政调查研究报告也会迥然不同，其价值大小也会存在显著差异。严格甄别材料，有以下方法可供参考：①按照要素分类法进行甄别。就是先通过细致观察，把握研究内容的组成要素及逻辑关系，然后根据要素分类去补充材料、运用材料，这是增强材料的针对性和提

---

[1]《毛泽东选集》（第一卷），人民出版社，1991 年版，第 291 页。

高使用效果的重要方法。②按照事物关联法甄别材料。就是根据不同的研究对象，材料的多寡也会不同。有的党政调查研究报告，尤其是介绍新生事物型的党政调查研究报告，在直接材料方面可能相对数量较少。在这种情况下，可以根据其与过去存在的历史的事物之间的联系，在其他材料充分的领域进行甄选，把互不相关的素材进行归纳汇集。③按照论据补充法选材用材。就是在撰写党政调查研究报告前，要对调查研究的过程进行全面回顾，检查素材是否全面、详细，是否与调查研究目的相关，关联度如何。对那些与描述问题、阐明观点直接相关或有重大意义，但直接材料尚不完善或者存在明显错误的，要及时进行记录和反馈，为进一步完善调查作充足的准备。

四、党政调查研究报告对材料的分析与研究

（一）研究材料的基本要求

在调查研究工作中，调查是研究的基础，研究是调查的升华，二者相辅相成，缺一不可。毛泽东曾说："大略的调查和研究可以发现问题，提出问题，但是还不能解决问题。要解决问题，还须做系统的周密的调查工作和研究工作，这就是分析的过程。提出问题也要用分析，不然，对着模糊杂乱的一大堆事物现象，你就不能知道问题即矛盾的所在。这里所讲的分析过程，是指系统的周密的分析过程。常常问题

是提出了，但还不能解决，就是因为还没有暴露事物的内部联系，就是因为还没有经过这种系统的周密的分析过程，因而问题的面貌还不明晰，还不能做综合工作，也就不能好好地解决问题。"[1]这段话足以说明分析和研究环节的重要性。衡量党政调查工作的质量如何，关键是看党政调查研究报告写得如何，看调查研究的成果转化得如何。在调查中，对外部矛盾的认识及把握相对而言是难度较小的；而对矛盾的内部和本质进行认知和把握则往往需要通过更为细致的研究和思考。因此，研究和思考在整个调查研究过程中不仅至关重要，而且难度较大，需要下一番功夫。

去粗取精，甄别出有用材料。如前所述，通过调查而获取的材料，是全面而系统的，数量庞大、内容杂乱，对撰写党政调查研究报告的有用性存在差异。因此，首先要做的工作就是分类，将这些庞杂的材料大体分为粗和精两类，再根据材料与主题的相关性，对精的材料进行进一步甄选。对表达主题越有用，材料就越精，这部分材料要予以关注和保留，而要把那些与报告要展现的事实无明显关联，对调查目的的实现基本没有价值的材料进行初步淘汰。同时，"精"的材料除了要对研究主题的阐发和论证能够发挥作用外，还必须具备典型性。透过典型材料有助于发现和认识事物的发展规律，它们有着更为普遍的指导意义。因此，要删除观点高度

---

[1]《毛泽东选集》（第三卷），人民出版社，1991年版，第839页。

不够的材料，保留最有论证力的材料；删除存在偶然性的材料，保留最能反映本质的材料。

去伪存真，甄别出真实材料。真实性是党政调查研究报告的生命，采用真实的材料是从感性认识飞跃到理性认识的根本前提。党政调查研究报告所反映的内容必须是调研者亲自调查研究获取的事实情况，而不能是以讹传讹、捕风捉影的内容。一篇合格的党政调查研究报告，其所采用的素材，所有的过程与细节，都不能存在浮夸和虚构。党政调查研究报告所阐发的结论，必须立足于对客观事实的缜密分析，基于实际材料来说明观点，绝不是主观上的凭空判断。要正确地判断材料的真伪，必须带着批判的态度对待获取的材料，关注材料的来源，坚持客观性原则，绝不能只凭借个人的好恶来取舍材料，更不能被现实中的某些假象所迷惑。

由此及彼，甄别出相互联系的材料。事物总是处在普遍的联系中，只有从事物之间的普遍联系和相互作用出发，才能了解事物的规律。由此及彼是通过把握材料内部的种种联系，从而达到对规律产生深刻认识的重要方法。在分析材料时，对"此"与"彼"要进行准确区别，明确它们的各自属性，并进行比较分析，找到矛盾相互转化的规律，这是开拓党政调查研究报告的广度与视野，使报告更具指导意义的重要方法。

由表及里，甄别出最能反映事物本质的材料。透过事物的表象达到对其本质和规律的认识，这是调查研究的根本任务。由表及里要求研究者在对所获取的材料进行甄别时，不能仅看表象，而必须抵达事物的内部和深处探求，从而把握事物运行的根本逻辑和本质规律，提炼出更为理性、更有价值的观点。

去陈出新，甄别出最具新意的材料。要对现有的素材反复筛选，综合提炼，尽可能选择那些充分汲取基层营养，最能体现本部门、本地区特色，最能反映新情况、新问题，体现新角度、新方面，能借此挖掘新观点、新思路的，鲜活、新颖的材料。

（二）全面辩证看问题

任何事物都是由各个方面的因素构成的，都与周围其他事物存在着千丝万缕的联系。因此，面对调查获取到的大量材料，要辩证地分析，全面地了解事物的全貌和发展的过程。

列宁说："要真正地认识事物，就必须把握、研究它的一切方面、一切联系和'中介'。我们决不会完全地做到这一点，但是，全面性的要求可以使我们防止错误和防止僵化。"[1] 党政调查研究报告需要突出重点，抓住问题，不可能也不必面面俱到，进行科学的取舍是必要的，但只根据个别例子得出的结论也是不可靠的。特别是当前，各方面情况更为复杂，新情况、新问题层出不穷，不基于多角度、多方

---

[1]《列宁专题文集论辩证唯物主义和历史唯物主义卷》，人民出版社，2009年版，第314页。

面的材料进行论述，那么结论就极有可能是武断的、片面的。因此，只有完整把握事物各方面的联系，才能真正开阔视野，在分析研究中提炼出规律，把握好趋势。

动态分析与静态分析相结合。事物永远处于运动之中，在研究材料的过程中，不仅要对调查对象的现状进行静态分析，而且要把事物的现状和历史联系起来进行分析研究。要了解事物的来龙去脉，找出它的变化规律，预测它的发展趋势，从而更好地提出、分析和解决问题。

宏观分析与微观分析相结合。对整体进行宏观认识和对个体进行微观分析相结合的方法，是使分析结果全面客观的重要方法。在研究通过调查所获取的材料时，应当把个别和一般、个性和共性、特殊和普遍、局部和整体、微观和宏观结合起来进行。撰写党政调查研究报告的目的是为决策提供依据，指导和推进全局工作。因此，在掌握关涉全局的普遍规律时，不能忽视具体事物所存在的特殊性；而在对典型事物进行集中研究时，也不能将之与一般性事物所拥有的共性割裂开来。

分析与综合相结合。在认识和理解调查对象的过程中，分析和综合是不可偏废的重要方法。一方面，要对各方面、各类别的材料进行细致分析，把握它们之间的相互联系和相互作用。另一方面，单靠分析研究个体，难以得出对调查总体的判断和宏观性的结论，还必须采取综合的方法，也就是把获取的零散、感性的认识，凝练、抽象为对调查对象全方位、理性的认识。所以，在具体研究调查得来的材料时要将分析与综合的方法有机地结合起来。

（三）透过现象看本质

本质潜伏于事物内部，现象表露于外部。一篇好的党政调查研究报告，一定能够透过表面现象，找到和表明事物的本质。要使调查研究具备实践价值、真正指导工作，那就绝不能仅仅对现象和事实进行简单的收集整理，而是要在接触和了解数量庞大的现实材料后，根据其特征，在科学地归纳、综合、分析、比较的基础之上，准确捕捉客观事物的本质特征，将本质特征在党政调查研究报告中准确地表现出来。在研究时，应秉承深入、细致、确切的标准，直抵问题和矛盾的症结所在，从事物的源头去挖掘、了解事物的本来面目。对在调查中所掌握的鲜活材料进行深入、系统、科学的分析研究后，找到其中的规律，才有可能得出科学的观点和结论。对那些综合性、复杂性的问题，在对相关材料进行初步甄别后，还应当有针对性地征求各方面的意见。只有这样，才能及时鉴别那些反映肤浅、片面、偶然、局部现象的材料，调查研究才能得出正确的结论，达到解决问题和正确决策的目的。

（四）定性研究和定量研究相结合

一切事物都是质和量的统一。在对调查材料进行分析研究时，要注重定性研究和定量研究相结合。定量研究的依据是通过实际调查而获取的客观材料，定性研究的依据是历史事实与经验。在研究方式方面，定性研究往往是根据已有的理论，作出一定的假设，再根据收集到的证据来验证预想，是从一般到特殊的逻辑演绎过程。而定量研究则是先掌握材料，再从大量不同类别的材料之间的相互联系中进行总结和归纳，并得出结论，是从个别到一般的逻辑归纳过程。

定量研究和定性研究所追求的都是客观性，但是它们存在不同程度的主观性成分。定性研究的主要研究工具是研究者本人，注重从研究者本人内在的观点去解释社会现象，主观成分相对较大，研究过程也难以避免主观性。在研究假设的提出、资料数据的选择，以及对结果的解释和推论上，定量研究也不可能做到完全客观。所以定量研究应多以中性证据为依据，重视研究的规范性、精确性、客观性。在撰写党政调查研究报告时，要注重运用定性研究的方法获取定量研究无法发现的多样化信息，通过定性研究，提炼出假设；再通过定量研究证实假设，使结果得到合理解释。

（五）分析研究事物发展变化的规律

开展调查研究工作，更重要的目的是准确把握规律、科学把握事物的发展趋势，并以此为参考制定正确的方针政策和解决问题的方案。对事物变化发展的规律掌握得越准确，党政调查研究报告所具备的预见性就越强，据此而制定的方针政策和采取的应对措施也就越符合客观实际。实践证明，把握事物发展规律、增强调查研究的预见性，是调查研究坚持实事求是思想路线的重要方面，是党政调查研究报告应达到的重要目标。

分析材料必须贴合实际、把握规律。具体来说，分析材料需要做到以下几个方面：不唯心，绝不因个人好恶而提前预设结论；不受倾向性影响，要善于听取、采纳与自己不同的观点。不唯上，切忌逢迎，不可报喜不报忧，不能刻意地只表现经验和成绩，而不展现问题和矛盾。不唯书，绝不因书本、文件里没有就对调查研究所反映出的新问题熟视无睹。要做到把如实反映真实情况的可靠材料作为唯一依据，归纳出其中的规律——即那些在事物发展全程中起到根本性、经常性、必然性作用的内容。

党政调查研究的过程中有两个方面的问题比较突出：一是不尊重现实，先凭借印象或者经验产生观点，然后带着主观想法去进行调查，陷入唯心主义的先验论。如此写出的党政调查研究报告显然难以反映事物的本质和规律。二是主观片面，不区分偶然性与必然性，将普遍和个别一概而论。

任何事物的产生和发展，其原因都是多方面的。党政调查研究报告要体现事物发展的本质和规律，就要求多角度地对材料进行分析，确保所选用的材料必须是最能够反映事物本质和规律的材料，而不可管窥蠡测。

五、党政调查研究报告的观点提炼

（一）党政调查研究报告观点提炼的基本要求

观点是党政调查研究报告的灵魂，是材料的统帅。一份优秀的党政调查研究报告，其核心必然是鲜明、正确的观点。缺乏鲜明的思想性、实践性、经验性、指导性、政策性的观点的党政调查研究报告是没有意义的。撰写党政调查研究报告的重点和难点所在，就是提炼出准确科学、富有思想、契合实际、发人深省的观点。这样的观点，靠主观想象是不可能得到的，其必然是在占有了全面系统的有效材料的基础之上，经过反复、细致的分析综合而提炼出来的。

观点必然产生于调查研究之后。在顺序上，提炼观点与得出结论的顺序一定不能出现混乱，要严格秉承先调查研究，再得出结论的原则，不可先有结论，再先入为主，带着偏见进行调查研究。正如毛泽东所言："一切结论产生于调查研究的末尾，而不是它的先头，没有调查，就没有发言权。"[1]

观点必须毫不含糊。党政调查研究报告的特殊性决定了它必须有一个鲜明、正确的观点，即报告所站的立场要鲜明、毫不含糊，对报告中的事物给出明确的评价。同时，选用的材料要能充分说明和表现观点，除了具备典型性外，还要兼具广度和深度，不能只是材料的简单罗列和堆砌。

---

[1]《毛泽东选集》（第一卷），人民出版社，1991年版，第113-114页。

观点要能正确反映调查所得。事实决定观点，材料与观点一致，观点得到材料有力的支撑，才会具有强大的说服力。反之，材料与观点不一致，观点得不到材料的有力支撑，观点就是苍白的。党政调查研究报告所提炼出来的观点，必须依靠事实本身所具有的逻辑力量去反映出来。而在党政调查研究报告的观点确立以后，观点则居于主导和统领地位，材料用来说明、服务于观点。

观点要体现理论与实际的有机结合。经过调查研究，在拥有了全面系统的材料的基础上，一方面，应该深入、认真地学习与之相关的党的方针政策及其主要的理论知识，拓展思路，提炼出新观点。另一方面，在对理论进行全方位梳理和联想的基础上，还要结合本地区、本部门的实际与日常工作的经验，充分发扬民主，反复进行讨论，彻底把握材料，在充分发表意见并逐渐趋向一致的基础上，对观点加以修正、完善、充实与延展。

（二）党政调查研究报告选择材料的基本要求

确定了观点后，撰写党政调查研究报告，就必须做到观点和材料相一致，也就是观点统率材料，材料用来论证和支撑观点。如果在材料取舍方面做得不够恰当，那么观点也就丧失了支柱。党政调查研究报告在选取使用的材料时，有以下几点基本要求。

一是要讲究针对性，即围绕主题选取材料。要善于从初步甄别后的材料中寻找与提炼确定的观点存在相关因素的材料，特别是选取最能反映事物本质规律的典型材料。使用最典型的材料来支撑观点，是党政调查研究报告的重要特征，此类材料运用得当，往往能够产生很强的说服力。同时，典型材料贵在精要，要善于运用某一领域、某个角度最具代表性的、最有写作必要的事例来论证观点。在使用时，要注意剪裁，详略得当。对紧扣主题的重要材料，要浓墨重彩，写深论透；对虽与主题有关但不很重要的材料，要简单明了，点到为止。

二是选取多角度、有对比性的材料来验证观点。对比论证就是从事物的相反或相异的属性的比较中来揭示需要论证的论点的本质。要让党政调查报告的观点更好地凸显出来，恰当、巧妙地运用对比的手法是重要途径。通过将过去与现实、经验与教训、正面与反面等材料进行充分、多视角的比较，往往能够将观点论证得透彻、深刻，使党政调查研究报告产生较大的冲击力。

三是善于使用数据材料来佐证观点。数据是最具说服力的，引用科学、精确的统计资料，可以准确地反映事物数量、质量及其变化发展，能使党政调查研究报告更加严谨，更具有参考价值。因此，对数据材料的恰当运用，是准确说明问题的重要方法。当然，数据并不是用得越多越好，事实上，过分堆砌数据会冲淡主题，使党政调查研究报告的可读性降低。因此，要筛选与主题密切相关的、最能反映本质的、最具有说服力的数据。恰当地采用图表形式，多对数据进行归纳，避免使用得太过集中。

四是要注意材料的多样性和新颖性。选择能表现时代气息、具备独特性的材料，用简明而生动的文字展现调查研究所获取的最主要、最鲜活的事实，鲜明地揭示主题思想。

总之，选取材料的根本标准是说服力和相关性，选择翔实充分、足以表现真实情况的材料，才能使观点有强大的支撑。

（三）党政调查研究报告如何处理叙述和议论的关系

叙述和议论是党政调查研究报告中最常使用的两种表现手法。党政调查研究报告既要系统地交代调查的背景、目的、时间、对象、过程等，又要以调查获取的材料客观地展示现象，并从具体事实升华为规律性认识。因此，如何认识和把握叙述和议论之间的关系，是撰写党政调查研究报告必须高度重视的问题。

议论以叙述为基础，叙述以议论为目的。在党政调查研究报告中，二者是相辅相成、不可割裂的。叙述与议论的有机结合体现了客观存在与主观认识的对立统一，这也是党政调查报告与情感的空洞抒发及现象的简单堆砌的其他文体根本不同之处，是报告的价值所在。一篇党政调查研究报告，反映的事实和现象是报告的主体部分，因此，报告主要的表达方式必然是叙述；同时，在报告中占据根本和主导地位的是观点，这就决定了议论在撰写过程中的重要地位。

　　党政调查研究报告中的叙述和议论是有机统一的。要写好党政调查研究报告，必然涉及如何合理安排并理顺两者的关系。一方面，党政调查研究报告要交代清楚事情的来龙去脉、性质和影响等，展现出现象的综合整体，因此所发的议论就必须要以叙述事实为基础，叙大于议。另一方面，所叙事实必须以议论问题为旨归。写作时要善于夹叙夹议，真正把事实的议论和内在联系反映出来，叙述和议论不可偏废其一，只有叙议结合得出的结论才是有说服力的。

　　要做到叙议结合，首要的就是紧密围绕事实，以获取的真实材料为依据揭示事物的本质特征，再由叙及议，不断升华报告主题。在撰写时，要切实把握好两点：一是要始终坚持辩证唯物主义的方法，选用那些能够反映普遍问题或具有普遍意义的材料来佐证观点，避免将那些个别、零碎的枝节性问题人为地上升到普遍、主导的位置上来。二是要注重叙述与议论的一致性。防止出现叙述与议论不协调的现象，既不能把性质本属严重的事情议得不痛不痒，也不能把一般性的问题小题大做。

六、党政调查研究报告的布局谋篇与语言特点

　　习近平总书记指出，改进文风，在三个方面下功夫、见成效很重要。一是短。力求简短精练、直截了当，要言不烦、

意尽言止，观点鲜明、重点突出。坚持内容决定形式，宜短则短，宜长则长。二是实。讲符合实际的话不讲脱离实际的话，讲管用的话不讲虚话，讲反映自己判断的话不讲照本宣科的话。三是新。在研究新情况、解决新问题上有新思路、新举措、新语言，力求思想深刻、富有新意。无论采取何种布局，无论撰写党政调查研究报告的哪个部分，都应将这三点作为根本遵循要则。

（一）党政调查研究报告的整体结构安排

在结构方面，党政调查研究报告一般可分为标题、开头、正文、结尾四个部分。在对报告进行结构安排时，要在以下方面做足安排：用以论证观点的主要材料和数据；文章整体安排及搭配；每个部分的主题和层次。

调查研究获得的全部观点和材料都要通过结构组织起来，因此撰写党政调查研究报告的起点是安排好的整体结构，由此架构起主题与材料、论点与论据、作者与读者的桥梁。党政调查研究报告通常有以下几种结构安排：一是纵向布局。也就是对材料的整合安排、对事实的表述，以及与之相关的论证都根据事物发生、发展的先后顺序或调查过程的进展来进行。这样的布局会让读者对调查研究的全程或者事物的面貌有一个总体的认知，使报告显得比较清楚完整。这种布局在介绍新兴事物、总结经验等类型的党政调查研究报告中使用得较为普遍。二是横向布局。也就是通过逻辑分析，掌握调查得到的事实和形成观点的根据之间存在的内在联系，根据逻辑关系进行分门别类、分别阐述。这种布局使得论述较集中、条理更清晰、观点更鲜明。三是纵横交错式布局。在单一采取纵向或横向布局难以凸显报告主题或者组织材料有难度时，还可对上两种布局进行融合。如在采用横向布局时，也可将具体事实的发生、变化过程根据自然顺序布局；而在运用纵向布局时，对其中牵涉的问题，也可根据逻辑联系进行论述。这种结构既能够讲清楚问题的前因后果，又能够有针对性地进行深刻论证。这种形式多用于一些综合性强的大型党政调查研究报告。另外，在结构的安排上要注重逻辑性，每一部分讲什么要很清晰，不要相互干扰。

（二）党政调查研究报告的标题

题好一半文。标题是党政调查研究报告的眼睛。不论是报告的大标题，还是正文各部分、各层次的小标题，都应反复琢磨、精心撰写。一个简洁生动、内涵丰富的标题，对明确提出观点、揭露问题能起到重要作用。标题的写作手法不拘一格，但无论采取何种形式和方法，都要做到以下几点。

概括。要能体现党政调查研究报告全篇的内容，用最精练的表述将其主题凸显出来，与报告的内容相宜，避免出现题目过大但论述不足，或题目过小而论述有余的现象。要做到这一点，要求作者对党政调查研究报告的内容了如指掌，从党政调查研究报告的主题、事实、对象、问题入手，以高度凝练的语言，将所要说明的事物、所要阐述的思想、所要表达的观点整理、加工、提炼成标题，既要惜墨如金，又要掷地有声。

鲜明。即党政调查研究报告的主题、观点必须是明确的，并用其统率整篇报告，使报告观点鲜明、思路清晰。同时，标题要能够清晰地反映报告的具体内容和特色，将调查研究工作的独到之处凸显出来，使读者看后一目了然，切忌华而不实、题不达意、不知所云。

新颖。即要有新鲜感，尽可能寻找新的视角，使标题具备吸引力和感染力。缺乏新意的标题难以激起读者的阅读兴趣，因此在拟题时不可落入俗套，甚至出现雷同。当然，也不可一味追求新意而使用冷僻、冗长、不必要的词汇。

党政调查研究报告除了报告自身的标题外，还有若干层级的小标题。好的小标题能够使报告结构明确、内容清晰、逻辑严密。而小标题的拟定除要具备上文所述的特点外，还必须做到体例统一，即长度要基本一致，顺写倒叙要统一，否则会给人以凌乱之感。当然，追求句式的统一，也要注意不可因文害义。

从表现形式看，标题的具体写法有以下几种。

公文式标题。这类标题在结构上表现为事由与文种的结合，多使用介词"关于"，构成"关于＋地域＋事由＋调查研究报告"的标题结构。这类标题规范、严肃、直观，多用于政治、社会、经济等重大问题的反映情况型、揭露问题型党政调查研究报告。

提问式标题。将党政调查研究报告中的问题加以提炼，以提问的方式拟题。此类标题具有启发性、警示性，具有较强吸引力，在揭露问题型、典型经验型等党政调查研究报告中使用较多。

修辞式标题。在标题中采用比喻、借代、引用等修辞方法，使标题更加生动、形象，给人以深刻印象。这类标题多见于典型经验型、新生事物型党政调查研究报告。

陈述式标题。此类标题直接、鲜明，使报告观点和内容一目了然，在揭露问题型、典型经验型党政调查研究报告中使用广泛。

从结构上看，党政调查研究报告的标题有单行式和正副题结合式两种。一般而言，正题揭示调研报告的思想意义，副题表明调查的事项和范围。在实践中，采用正副题结合式标题的情况相当普遍。这种标题既能一目了然地表明报告主题，又能体现出党政调查报告的基本情况，能够将规范性和思想性较好地结合起来。

（三）党政调查研究报告的导语

导语是党政调查研究报告的引言，主要用于说明本报告的目的或结论，同时引起下文。精彩的导语对激发读者的阅读兴趣至关重要。好的导语应当具备以下特征。

明确观点、表达得当。导语的形式必须为内容服务，任何形式的导语都必须服务于观点。比如，反映新兴事物型党政调查研究报告，可以采用议论开头的方式，对下文所述的问题先进行初步和大致的议论评述；介绍典型经验型党政调查研究报告，可以在导语部分直接亮出评价和观点，在开头就给读者以明确的立场；揭露问题型党政调查研究报告，则以概述式的导语为宜，在介绍清楚主题的同时，说明调查的背景、起因等相关内容，注重规范性与庄重性。

言简意赅、一目了然。党政调查研究报告想要说明什么，应直接切题，展现出总体轮廓，使读者快速掌握报告的主题。要做到这一点，就要删繁就简，采用最凝练的表达，摒弃那些与主题无关或关系不大、拐弯抹角的文字。

别具一格，引人入胜。党政调查研究报告虽然强调朴实庄重，但并不代表毫不追求可读性。导语是党政调查研究报告的开头，如果连导语都无法吸引读者，那么报告正文就更难引起阅读兴趣。要在不以辞害意的前提下，最大限度地将语言生动化，把抽象的内容直观化，把艰涩的内容平实化，尽可能别具一格，调动读者的兴趣。

导语常见的类型有以下四种。①直叙目的型。即开宗明义地在导语部分介绍本次调查研究的目的和用途，使读者对调查情况及目的一开始就有一个基本了解。②交代情况型。即在导语部分介绍一些调查研究的背景等基本情况，使读者对调查研究的过程有一个基本的认知。③阐述观点型。即在导语部分就先将提炼的观点和得出的结论亮出来，然后再在党政调查研究报告的正文中深入阐发。这种类型的导语直接鲜明，使读者在阅读报告时能够带着明确目的。④制造悬念型。即在党政调查研究报告的导语部分提出问题、设置悬念，激发读者的探求欲和阅读兴趣。

（四）党政调查研究报告的正文

正文是党政调查研究报告的主体部分，是报告调查情况、分析情况、提出解决问题的措施的关键部分。这部分涉及的材料多、内容丰富，写作中要安排好正文的结构和内容，使之逻辑缜密、条理清晰。

撰写党政调查研究报告的正文部分要始终以主题为统帅。尤其要注意处理好主题与材料、主题与布局、主题与写法的关系。鲜明深刻的主题、丰富翔实的材料和恰当匀称的结构三位一体、有机结合，才是一篇高质量的调查报告。因此，必须从主题表现需要出发，精心谋划布局，组织材料并选好写作方法，这是写出高质量党政调查研究报告的关键。

语言方面，要求做到表达准确、鲜明、生动、简洁。一是准确。如前所述，党政调查研究报告的观点和结论必须要准确，而且围绕观点所采用的每个事例、每个数据、每项资料都必须是经过反复核实后的可靠材料，以及能够准确无误地反映客观事实的材料。否则，由此而得出的观点、立场可能产生偏差。同时，遣词造句必须要准确地体现观点，使用的概念要正确无误，进行的评价要客观公允，每一步的推论都要有严密的逻辑支撑。二是鲜明。主题要鲜明，也就是报告的立场、观点及对事物的看法和评价，都不能闪烁其词、不置可否。写法上要鲜明，例如通过比较的手法凸显事物的特色，通过先观点后材料的手法使观点更为突出。标题要鲜明。报告的总标题也好，各个部分和层级的小标题也好，都要反复琢磨，以期言近旨远、一针见血。三是生动。如前所述，党政调查研究报告中多大篇幅地采取叙述，如果叙述太过平淡枯燥、毫无起伏，全是事实和数据的简单堆砌，会极大影响报告的可读性，降低读者的阅读兴趣。因此，在叙述时要尽可能生动具体，通过引经据典、口语化的表达，恰当采用修辞手法，多结合案例或生活实践进行论述等方法来增强叙述部分的可读性和感染力。当然，语言的生动活泼也必须适当，必须建立在通俗易懂的基础之上，切忌华而不实、矫揉造作。四是简洁。在写作党政调查研究报告时要时刻把握其实用性，不要对事件背景做过多的铺陈，不能使用太过专业和冷僻的辞藻，文字不能太冗长，以说清楚问题、论述清楚观点为宜。

正文的内容繁多，要将其表达清楚，必须要针对材料进行认真整理，分清层次，安排好结构，把主题有秩序、有步骤地表达出来。如前所述，正文结构通常有横式结构、纵式结构、纵横交错式结构三种。但无论采取哪种结构，基本都要包含提出问题、分析问题和解决问题三部分。首先是提出目前工作中出现的重要而具体的，具有普遍意义而又有共同趋向的新现象、新问题，为下文的探讨构筑目标和依据。其次是分析研究部分，也是正文的核心部分，它需要撰写者站在一定的理论高度，对提出的问题进行全面、系统、深入、细致的分析、比较、综合和归纳，从中找出解决问题的路径。再次是在分析问题的基础上，探寻解决问题的方法，提出解决问题的具体措施和方案。正文的这三部分，层序分明、步步深入，是使党政调查研究报告具备强大逻辑力的重要条件。

（五）党政调查研究报告的结尾

结尾是党政调查研究报告分析问题、得出结论、解决问题后所得到的最终结果。结尾的写法不拘一格，总体来说，以下几种形式较为常见。

概括式结尾。对党政调查研究报告的内容进行归纳总结，言简意赅地给出结论，总结观点，深化主题，使党政调查研究报告的目的得到进一步突出，增强报告的说服力和感染力。

展望式结尾。对报告涉及的事物发展趋势进行展望与预测，提出努力的目标，规划继续探索的方向。

建议式结尾。对报告涉及的事物或者现象提出完善和解决的建议，供决策参考，或者指出目前存在的尚待解决的问题和不足。

启发式结尾。补充交代报告正文没有涉及而又值得重视的情况或问题，发人深思；或者由点到面，理性地思考一些事物发展的共性问题，给人以启迪，也可提出告诫，以引起人们的关注和警觉。

　　任何形式的结尾都必须呼应开头、照应全文，总结问题要到位准确、语言表达要简明扼要。总之，结尾要简洁有力，有话则简，无话则免，切忌画蛇添足，其形式及长短取决于党政调查研究报告观点论证、语言表达和文章的总体结构的需要。

第七章

建立党政调查研究工作的长效机制

制度是经有关机构制定的、以强制力保障实施的行为规范。对于制度的重要性，邓小平同志曾指出："我们过去发生的各种错误，固然与某些领导人的思想、作风有关，但是组织制度、工作制度方面的问题更重要。这些方面的，甚至会走向反面。"[1] 在社会科学领域，制度作为机制的基础，往往同机制紧密联系在一起。但二者并非相互等同的概念。机制的形成往往需要若干制度相互关联，以制度为基础、综合执行才能形成。建立一个机制，主要有两个基本条件：其一是要有比较规范、稳定、配套的制度体系，明确规定权利、义务、职责以及执行措施；其二是要有出于自身利益而积极推动和监督制度正常运行的组织和个体——"动力源"。制度因其具有的全局性、稳定性、强制性和规范性的特点，决定了机制作用的长期性。长效机制则是指"集体和个体在执行制度过程中形成的相互作用、相互影响的关系及其变化过程，是长期作用于集体和个体的功能和机理"[2]。作为长期保证制度正常运行并发挥预期功能的制度体系，长效机制并

[1]《邓小平文选》（第二卷），人民出版社，1994年版，第333页。
[2] 孟东方等：《保持党的先进性长效机制》，人民出版社，2011年版，第74页。

非一劳永逸、一成不变的，客观上也必须随着时间、条件的变化而不断地丰富、发展和完善。深刻把握这一特点，对于我们探索建立科学有效的党政调查研究工作长效机制有着重要指导意义。

一、建立党政调查研究工作长效机制的重要意义

（一）建立党政调查研究工作长效机制是加强党的长期执政能力建设的内在要求

"中国共产党的执政能力建设是党执政后的一项根本建设，是推进党的自身建设和社会主义现代化建设的结合点和着力点。"[1] 加强制度建设，是提高党的执政能力的根本保证。党的十九大报告提出了"新时代党的建设总要求"，强调要"以加强党的长期执政能力建设、先进性和纯洁性建设为主线"。与此同时，在党章的修订中，执政能力建设前面也相应增加了"长期"两个字。从"执政"到"长期执政"，不仅是增强全面从严治党自觉性的客观需要和化解长期执政风险的必然要求，更是推进新时代党的建设新的伟大工程的重要任务，是着眼于未来中国特色社会主义兴衰成败、中华民族前途命运的战略考量。

---

[1]高桂云：《网络媒体与党的执政能力建设》，中国社会科学出版社，2012年版，第29页。

马克思主义创始人在《共产主义原理》中明确提出，夺取政权并不是社会革命的终结，"首先无产阶级革命将建立民主的国家制度，从而直接或间接地建立无产阶级的政治统治"[1]。苏维埃社会主义共和国联盟的主要缔造者列宁也清醒地看到执掌政权"是一场严峻的考试"[2]，执政党面临着急躁冒进、脱离群众、能力不足以及被俄国旧文化征服的危险。中国共产党对党的执政能力建设也一直高度重视，从阐述历史周期率的"窑洞对"，到比喻执政艰辛的"进京赶考"，我们党早就开始思考长期执政的规律和能力建设问题。改革开放以来，特别是面对一些老党大党丢失政权的教训，我们党鲜明地提出了要解决好"不断提高领导水平和执政水平、提高拒腐防变和抵御风险能力"的重大历史性课题，从党的十六大明确提出"加强党的执政能力建设"的科学命题以来，十六届四中全会专门做出关于加强党的执政能力建设的决定，提出加强党的执政能力建设五项任务；党的十七大强调"必须把党的执政能力建设和先进性建设作为主线"；党的十八大进一步明确要"牢牢把握加强党的执政能力建设、先进性和纯洁性建设这条主线"；党的十九大面对新时代长期执政的世界性课题，提出"党的长期执政能力建设"的新命题，逐步形成了中国特色的党的执政能力建设理论体系。对此，党的二十大报告进一步强调："我们要落实新时代党

---

[1]《马克思恩格斯选集》（第一卷），人民出版社，1995年版，第239页。
[2]《列宁全集》（第四十三卷），人民出版社，1984年版，第86页。

的建设总要求，健全全面从严治党体系，全面推进党的自我净化、自我完善、自我革新、自我提高，使我们党坚守初心使命，始终成为中国特色社会主义事业的坚强领导核心。"[1]

长期执政的最大危险是对持久的考验麻痹懈怠、掉以轻心，对持续的风险丧失警惕、沉迷放纵；最容易出现思想理论僵化、信念宗旨蜕变、组织纪律松懈、执政能力衰退等积弊。长期执政条件下的中国共产党，必然面临比执政初期更加严峻的考验和挑战。调查研究是贯彻群众路线的重要途径，是提升党的执政能力的重要法宝；是了解社情民意的根本途径，是提升党的执政能力的基本前提；是党做出正确决策的重要基础，是提升党的执政能力的必然要求。由此可见，调查研究乃是我们党的传家宝，只有建立长效机制，才能有效加强党的长期执政能力建设。

（二）建立党政调查研究工作长效机制是深化全面从严治党的关键环节

党的领导是国家富强、民族振兴、人民幸福的最大压舱石。治国必先治党，治党务必从严。作为一个有 9 671.2 万名党员的大党[2]，作为一个在有着 14 亿多人口的大国长期执政的党，党的建设关系重大、牵动全局。全面从严治党作为党的十八大以来党中央做出的重大战略部署，是新的"四

---

[1]《中国共产党第二十次全国代表大会文件汇编》，人民出版社，2022 年版，第 53 页。
[2]根据中央组织部 2017 年 6 月 30 日公布的最新党内统计数据，中国共产党的党员总数已达 8 944.7 万名，党的基层组织达到 451.8 万个。

个全面"战略布局的重要组成部分，也是顺利推进全面建设社会主义现代化国家、全面深化改革、全面依法治国的根本保证。全面从严治党的"全面"，就是要管全党、治全党。面向 9600 多万名党员、490 多万个党组织，覆盖党的建设各个领域、各个方面、各个部门，重点是抓住领导干部这个"关键少数"。根据新时代党的建设总要求提出的目标，要把我们党建设成为始终走在时代前列、人民衷心拥护、勇于自我革命、经得起各种风浪考验、朝气蓬勃的马克思主义执政党，就必须深化全面从严治党，永葆党的生机活力。

调查研究是我们党改进党风的基本环节。作为马克思主义政党和建设中国特色社会主义的领路人，只有靠作风优良的党风才能把人民团结起来。我们党在革命区开展的以《寻乌调查》为代表的调查研究与广大群众进行了广泛而直接的交流，双方在持续的对话中形成了良好的互动关系，党群一家亲，党员干部与群众的关系异常亲密。[1] 通过调查研究，党不仅了解了社情民意，也使得群众对党有了深刻的认识。"苏区干部好作风，自带干粮去办公，穿着草鞋干革命，夜走山路打灯笼"[2] 的民谣就是当时中国共产党优良作风的真实写照。作为党内政治生活规范化、常态化发端标志的1929 年古田会议的成功召开，也与毛泽东等同志深入调查研究密不可分。为开好古田会议，毛泽东在连城新泉、上杭

---

[1] 丁飞飞，唐娜：《调查研究在中国共产党的执政能力建设中的意义——重温〈寻乌调查〉》，《中共南昌市委党校学报》，2015 年第 5 期，第 27 页。
[2] 谢济堂：《中央苏区革命歌谣选集》，鹭江出版社，1990 年版，第 148 页。

古田接连召开支队长、大队长调查会，战士座谈会，群众座谈会，又召集有红四军党内各级党组织的书记、组织委员、宣传委员参加的联席会议，再次进行广泛、深入的调查。[1]通过采用"请进来"与"走出去"相结合的办法，以实事求是的态度，通过认真详细的调查研究，收集了多方面的材料，初步摸清了红四军内存在问题的种类、性质和根源，成功地、开创性地提出了思想建设的任务和途径。《古田会议决议》作为中国共产党建党建军的纲领性文献，对中国共产党深入调查研究，加强党内教育，坚持党员标准，严肃组织纪律，最终铸造党对军队的绝对领导这一军魂，发挥了重要指导作用。

中国共产党作为中国特色社会主义事业的领导核心，深化全面从严治党必须严格加强和规范党内政治生活。党的十八大以来，习近平总书记在不同场合反复强调用好调查研究这一我们党的"传家宝"，做好调查研究这一"基本功"。党的十八大后出台的第一部中央党内法规，也是新时代开启全面从严治党、依规治党的"破题之作"的中央八项规定，第一项就是要"改进调查研究"。由此可见调查研究在改进工作作风上的重要地位。因此，只有高度重视调查研究，切实深入基层、深入群众、深入实际，才能弥补党群、干群关系上出现的裂痕，密切党群、干群关系，保持党的先进性和

---

[1] 高中华，张德义：《〈古田会议决议〉与全面从严治党从严治军》，《观察与思考》，2015年第12期，第66页。

纯洁性，树立党的良好形象，切实改进党的工作作风，不断深入推进全面从严治党。

（三）建立党政调查研究工作长效机制是坚持实事求是优良传统的根本方法

实事求是，是贯穿于党的历史的一条红线、一条生命线。中国共产党领导中国人民在长期的革命与建设事业中不断从胜利走向胜利，首先是实事求是思想路线的胜利。因此，实事求是作为最大的党性，不仅是我们党的优良传统和活力之所在，也是党和人民事业兴旺发达的关键之所在。历史证明，什么时候实事求是坚持得好，党的组织和党员干部队伍就充满朝气和活力，党和人民的事业就能顺利发展；什么时候实事求是坚持得不好，党的组织和党员干部队伍就缺乏朝气和活力，党和人民的事业就会遭受挫折。

新民主主义革命时期，正是在"实事求是"思想路线的指引下，中国共产党实现了马克思主义中国化的第一次历史性飞跃，找到了一条适合中国国情的农村包围城市、武装夺取政权的中国革命的道路，取得了新民主主义革命的胜利。1930 年 5 月，毛泽东针对本本主义者照搬苏联、一切"拿本本来"的做法，鲜明地提出了"中国革命斗争的胜利要靠中国同志了解中国情况"的观点，指出"马克思主义的'本本'是要学习的，但是必须同我国的实际情况相结合"[1]。1941

---

[1]《毛泽东选集》（第一卷），人民出版社，1991 年版，第 111-112 页。

年 5 月，毛泽东在《改造我们的学习》的报告中，第一次明确提出了"实事求是"思想，并做了科学解释，党的思想路线至此形成。1960 年年底至 1961 年年初，在经历了"大跃进运动"背离实事求是的思想路线出现的挫折后，毛泽东又重新提出要进行调查研究，要"大兴调查研究之风"。党的八届九中全会上提出，1961 年要"搞一个实事求是年"。中央领导人身体力行，深入实际调查研究。中共中央、国务院各部门及各省、市、自治区党政负责人纷纷深入基层，开展调查研究。在充分调研、掌握情况的基础上，党中央、国务院相继制定发布了一系列条例和文件，使党的思想路线有些端正和恢复，对克服经济困难、调整和恢复国民经济起了重大作用。十一届三中全会的召开，标志着实事求是的思想路线在全党的重新确立。特别是党的十八大以来，习近平总书记带头深入开展调查研究，广泛听取民意、集中全党智慧，用实际行动将实事求是发扬光大。他在 2011 年 11 月中央党校秋季开学典礼上做重要讲话时就曾指出，"调查研究必须坚持实事求是的原则，树立求真务实的作风，具有追求真理、修正错误的勇气"[1]。在 2013 年 12 月纪念毛泽东诞辰 120 周年座谈会上，他又指出："实事求是，是马克思主义的根本观点，是中国共产党人认识世界、改造世界的根本要求，是我们党的基本思想方法、工作方法、领导方法。"[2]

---

[1] 习近平：《谈谈调查研究》，《学习时报》，2011 年 11 月 21 日。
[2] 习近平：《在纪念毛泽东同志诞辰 120 周年座谈会上的讲话》，第 1 版，《人民日报》，2013 年 12 月 27 日。

在 2015 年 6 月纪念陈云同志诞辰 110 周年座谈会上，他再次强调，纪念陈云同志，就要学习他实事求是的精神，"实践反复证明，能不能做到实事求是，是党和国家各项工作成败的关键。全党同志一定要把实事求是贯穿到各项工作中去，经常、广泛、深入开展调查研究，努力把真实情况掌握得更多一些、把客观规律认识得更透一些，为协调推进'四个全面'战略布局打下扎实的工作基础"[1]。在 2021 年秋季学期中央党校（国家行政学院）中青年干部培训班开班式上的重要讲话中，他对年轻干部练好内功、提升修养提出明确要求，其中一个重要方面就是"注重实际、实事求是"。

重视调查研究是中国共产党的优良传统，是党的实事求是思想路线同群众路线这一基本工作路线的有机结合和统一。"调查研究是我们党认识中国国情，正确制定路线方针政策和进行科学决策的基本途径，也是把党的路线方针政策同本地区本单位的实际情况相结合，正确贯彻执行的必要手段。"[2]要搞清本地区、本单位的实际情况的"实事"，就是了解实际、掌握实情。关键在于"求是"，就是探求和掌握事物发展的规律。对于我们而言，最重要的就是认识共产党执政规律、社会主义建设规律和人类发展规律。当前，我国发展面临新的战略机遇、新的战略任务、新的战略阶段、

---

[1]习近平：《在纪念陈云同志诞辰 110 周年座谈会上的讲话》，《人民日报》，2015 年 6 月 13 日。

[2]汪裕尧：《从〈寻乌调查〉、〈反对本本主义〉看毛泽东调查研究的理论和方法》，《寻乌调查与马克思主义中国化的起步》，中央文献出版社，2006 年版，第 45 页。

新的战略要求、新的战略环境。世界百年未有之大变局加速演进，不确定、难预料因素增多，国内改革发展稳定面临不少深层次矛盾躲不开、绕不过，各种风险挑战、困难问题比以往更加严峻复杂，迫切需要通过调查研究把握事物的本质和规律，找到破解难题的办法和路径。[1] 因此必须大兴调查研究之风，使调查研究成为党员、干部的经常性工作，牢牢掌握调查研究这个基本功。

二、建立党政调查研究工作长效机制的指导原则

（一）建立党政调查研究工作长效机制，必须坚持以马克思主义最新科学理论成果为指导

坚持以反映时代特征和实践要求的科学理论指导实践，并根据实践中产生的新鲜经验不断推进制度创新，是马克思主义政党保持先进性、不断推动事业发展的根本保证。马克思列宁主义揭示了世界发展的普遍规律，特别是人类社会历史发展的普遍规律，揭示了创建新型无产阶级政党的本质规律，是我们立党立国、兴党兴国的根本指导思想，也应当是我们建立党政调查研究工作长效机制的根本指南。我们党在一百多年的奋斗历程中，坚持把马列主义基本原理同中国具体实践相结合，产生了毛泽东思想、邓小平理论和"三个代表"重要思想、科学发展观和习近平新时代中国特色社会主

---

[1] 中共中央办公厅印发《关于在全党大兴调查研究的工作方案》，新华社，2023 年 3 月 19 日。

义思想等既一脉相承又不断与时俱进的重大理论成果，推进了革命、建设和改革各项事业的蓬勃发展。

我们党从成立之初，便把马克思主义确立为根本指导思想。坚持和发展中国特色社会主义，必须高度重视马克思主义的指导作用。党的十八大以来，以习近平同志为主要代表的中国共产党人，坚持把马克思主义基本原理同中国具体实际相结合、同中华优秀传统文化相结合，科学回答了新时代坚持和发展什么样的中国特色社会主义、怎样坚持和发展中国特色社会主义等重大时代课题，创立了习近平新时代中国特色社会主义思想。习近平新时代中国特色社会主义思想是当代中国马克思主义、二十一世纪马克思主义，是中华文化和中国精神的时代精华，实现了马克思主义中国化时代化新的飞跃。要建立党政调查研究工作长效机制，就必须坚持以这一最新马克思主义科学理论成果为指导，全面把握习近平新时代中国特色社会主义思想的时代背景、历史地位、科学体系、精神实质、实践要求，紧密结合具体实际，更好地用党的创新理论武装头脑、指导调研、推动工作。

（二）建立党政调查研究工作长效机制，必须坚持党要管党、全面从严治党的方针

党要管党是刘少奇同志、邓小平同志于 1962 年年底在全国组织工作会议和监察工作会议上提出来的重要论断，后来成为中国共产党建设的一项基本要求，也是我们党自身建设过程中始终坚持的一项基本原则。马克思主义政党是工人阶级和最广大人民群众革命、建设和改革事业的领导力量，只有党本身是坚强的，才能担当起领导的重任，否则，党就没有坚强的战斗力。中国共产党作为中国特色社会主义事业的领导核心，在改革开放和发展社会主义市场经济的历史条件下，面临的"四大风险"和"四大考验"都将长期存在，能否管住管好自己、能否顶住压力并积极作为，事关党长期执政、国家长治久安、人民幸福安康。正基于此，党的二十大报告立足新时代新征程，从7个方面部署了"坚定不移全面从严治党，深入推进新时代党的建设新的伟大工程的重大任务"。习近平总书记在二十届中央纪委二次全会上强调，把全面从严治党作为党的长期战略、永恒课题，始终坚持问题导向，保持战略定力，发扬彻底的自我革命精神，永远吹冲锋号，把严的基调、严的措施、严的氛围长期坚持下去，把党的伟大自我革命进行到底。

调查研究作为党政部门以及各级领导干部的中心工作，必须全面贯彻落实党要管党、全面从严治党的方针。习近平总书记明确指出："调查研究不仅是一种工作方法，而且是关系党和人民事业得失成败的大问题。""什么时候全党从上到下重视并坚持和加强调查研究，党的工作决策和指导方针符合客观实际，党的事业就顺利发展；而忽视调查研究或者调查研究不够，往往导致主观认识脱离客观实际、领导意志脱离群众愿望，从而造成决策失误，使党的事业蒙受损

失。"[1] 由此可见，党政调查研究工作成效如何，事关革命
事业兴衰成败，必须将党要管党、全面从严治党方针贯彻始
终，丝毫马虎不得。

**（三）建立党政调查研究工作长效机制，必须坚持科学
性、系统性和可行性相统一**

建立党政调查研究工作长效机制是一项复杂的系统工
程，针对当前广泛存在的重视不够、力度不大，制度化、规
范化、程序化相对滞后的问题，必须坚持科学性、系统性和
可行性相统一。其中，科学性即要求调研报告具备一定的理
论基础，通过深入调查分析研究，能够有效解决实际工作中
的问题；系统性即要求调查研究要从系统的观念出发，把调
研对象看作由各个组成部分构成的整体，并研究其各组成部
分的相互联系和相互作用；可行性即调研报告具备一定的实
用价值，通过对实际问题的调查分析，提出解决问题的可行
办法。"构成一个自律与他律、自觉与强制相统一的长效机
制链"[2]，确保体现时代性，把握规律性，富于创造性。

要建立长效机制，就是要将科学性、系统性和可行性三
原则严格落到实处。制度的制定是基础，实施则是关键。制
定和实施党政调查研究工作的规章制度，要注意切合实际，
确保科学、严密，操作性强。在制定制度前，要弄明白出台
的制度能解决什么实际问题。在制定制度时，要充分进行调

---

[1] 习近平：《谈谈调查研究》，《学习时报》，2011 年 11 月 21 日，第 1 版。
[2] 孙小玫：《论建立永葆共产党员先进性的长效机制》《江汉大学学报：社会科学版》，
　　2006 年第 2 期，第 76 页。

查研究，广泛听取群众反映，反复征求意见、研究意见，使制度体现群众的意志。同时，要注意出台的制度是否与已有制度相衔接，与各项工作相适应。还要充分注意，可行性乃是科学性的重要判断要素。总之，要做到调查研究体制机制的系统完备、运行有效。真正做到既立足全党、着眼全局，又要深入基层、贴近实际，最终形成结构合理、关系协调、程序严密、执行顺畅的制度体系和工作机制，为党和国家各项事业的健康发展提供坚强的制度保障。

三、建立党政调查研究工作长效机制的具体路径

调查研究的过程是"使主体意识与外部客观现实达到相互统一、有机结合的过程"[1]，因此具有整体性、相关性、目的性、层次性和结构性等特征。党的二十大报告指出："万事万物是相互联系、相互依存的。只有用普遍联系的、全面系统的、发展变化的观点观察事物，才能把握事物发展规律。"因此，无论哪一个领域或哪一个层次的问题，都应将调查对象放在世界这个大系统里进行考察研究，真正认识各事物相互联系、相互作用、相互影响和相互制约关系。习近平总书记曾指出："在坚持和加强调查研究方面，我们党相继制定了一系列行之有效的制度，要在实践中不断健全完善，切实抓好贯彻落实，使调查研究真正成为各级领导干部自觉

---

[1]洪威雷：《公务调研学》，中国社会科学出版社，2007年版，第63页。

的经常性活动。"[1] 对于这些好的优良传统，我们在新时代不仅要大力弘扬，而且在当前和今后工作中，也要将之形成长效机制并在实际工作中不断践行完善。

（一）建立健全重要决策调研论证机制

一切从实际出发，实事求是地进行观察、了解，收集第一手资料，尊重客观规律，理论联系实际地进行分析，是调查研究客观性的根本要求。因此，调研论证对重大事项有决定意义。如果前期调研、论证不够，就会导致提出的建议、意见针对性不强，缺乏实质性的操作规程和方式方法。如此仓促"决定"，必然导致重大事项决定的作用和效果大打折扣，在一定程度上影响"决定"的质量。

关于坚持先调研后决策、建立健全重要决策调研论证机制，我们党的领袖曾做过一系列颇为详尽的论述。毛泽东在《反对本本主义》一文中就鲜明指出："我们的终极目的是要明了各种阶级的相互关系，得到正确的阶级估量，然后定出我们正确的斗争策略。"[2] 陈云曾指出，政策是调研的产儿。他反复强调"应当把百分之九十九的力量用在"对实际情况的调查研究上，政策只能是调查研究之水到渠成的结果，"情况了解清楚了，就可以正确地决定对策"[3]；反之，不经过充分的调查研究就忙于决定政策，必然会出现偏差和错误。

---

[1] 习近平：《谈谈调查研究》，《学习时报》，2011 年 11 月 21 日，第 1 版。
[2]《毛泽东选集》（第一卷），人民出版社，1991 年版，第 113-114 页。
[3]《陈云文选》（第一卷），人民出版社，1995 年版，第 343 页。

这与毛泽东"调查就像'十月怀胎'，解决问题就像'一朝分娩'"[1]的思想是高度一致、一脉相承的。习近平总书记在《谈谈调查研究》一文中也指出，要坚持和完善先调研后决策的重要决策调研论证制度。"决策是一个提出问题、分析问题、解决问题的过程。为了防止和克服决策中的随意性及其造成的失误，提高决策的科学化水平，必须把调查研究贯穿于决策的全过程，真正成为决策的必经程序。""对本地区、本部门事关改革发展稳定全局的问题，应坚持做到不调研不决策、先调研后决策。提交讨论的重要决策方案，应该是经过深入调查研究形成的，有的要有不同决策方案作比较。"[2]

由此可见，必须要坚持和完善先调研后决策的重要决策调研论证制度，把调查研究贯穿于决策的全过程，真正成为决策的必经程序，提高决策的科学化水平。对事关国家安全的全局性问题，事关改革发展的热点、难点问题，事关人民群众切身利益的重大问题，提交党委常委会议、政府常务会议讨论的重要决策方案、意见建议在形成决策之前，必须要事先深入开展调查研究、充分开展咨询论证，广泛征求各方意见，从而形成调研意见或比较方案。对专业性、技术性较强的重大事项，必须要认真进行专家论证、技术咨询、决策评估。特别是涉及群众切身利益的重要政策措施出台，要采

---

[1]《毛泽东选集》（第一卷），人民出版社，1991年版，第110-111页。
[2] 习近平：《谈谈调查研究》，《学习时报》，2011年11月21日，第1版。

取听证会、论证会等形式，广泛听取群众意见。通过一系列的科学程序，着力提高重要决策的科学化水平。例如，深圳市人民政府，专门出台《深圳市重大行政决策程序实施办法》，将决策草案的形成在程序上分为决策动议与目录管理、公众参与、专家论证、风险评估、合法性审查和集体讨论决定等，并将重大行政决策情况作为考核评价决策机关及其领导人员的重要内容，纳入法治政府建设指标体系，作为法治督察、法治建设考评的内容。通过将政府决策行为全面纳入法治轨道，较好地提高了决策质量和效率。

（二）建立健全调查研究常态管理机制

常态化即趋向正常的状态，今多用于指某事物更趋近于合情合理。作为管理学中的一个重要概念，常态化管理是追求完美和实现卓越的有效措施，实现持续和谐发展的重要理论，适应激烈竞争环境的必然选择，也是提高经济效益、永葆组织生命力的必然要求。支持常态化管理的构成要件在于管理目标的广泛认同，组织机构的正常运转和人员作用的正常发挥。调查研究主要是为党献策，因此要将此项工作及各项中心工作与日常决策紧密结合。紧紧围绕"国之大者""党之大计""民之大事"开展广泛深入的调查研究，努力形成具有思想高度、理论深度、实践温度的研究成果。将常态管理引入调查研究长效机制，必然要求将调查研究的相关任务作为管理目标具体化、责任明确化，人人在管理、处处有管理、事事见管理、时时都管理。

作为党的第一代领导集体重要成员，朱德同志就是常态管理方面的楷模。从 1951 年到 1966 年，他向党中央提交了108 份反映各行各业实际情况的调研报告，其中有 98 份报告是他亲自主持起草的。[1] 常态管理机制在日常工作中，要将调查研究常态管理机制落到实处，首先要立足于"常"字。按照凡事有章可循、凡事有人负责、凡事有人检查、凡事违章必究的原则，梳理整合现有规章制度，把调研活动所涉及的机构、岗位协调起来，明确规定职、责、权，实行闭环管理，加大对各项指标的监控力度，将之落到实处，有效消除工作的随意性和推诿扯皮等消极现象，使整个调研工作流程常态化。其次要立足于"态"字，不断提高调研参与者的政治素质和职业道德，使每一名调研参与者坚定理想信念，激发高度责任感，提高业务素质，按照职业道德的标准要求，更好地为本地区、本部门发展作出贡献。最后要立足于"化"字，建立贯穿事前、事中、事后全过程的管理程序和规范制度，树立"规范自己，方便群众"的核心价值理念，以"人民为中心"为尺度依据进行考核、评定等级，合理运用考核结果，保证奖惩得以兑现，达到忠于职守、创造业绩、强化管理的目的，确保各项工作任务的圆满完成。

常态化管理，还需注意坚持开门搞调研，鼓励社会力量参与。"欲政通者必纳谏"，应坚持开门搞调研，以发挥社会力量作用。面对当前国内改革发展稳定面临的不少躲不

---

[1]左智勇：《朱德与调查研究》，《学习时报》，2018 年 3 月 5 日，第 A1 版。

开、绕不过的深层次矛盾，必须充分发挥各级党委政研室和决策咨询组织在组织、联络、协调有关部门和社会研究力量开展调查研究方面的职能作用，重视专家库建设，通过聘请决策咨询委员、课题委托研究、组织专题论证等途径，加强联系，集中智慧，使专家学者成为调研工作的重要力量，把加强调查研究作为源头活水，引导高等学校、社会研究机构围绕党委和政府决策部署开展科研工作，鼓励哲学社会科学界更好地发挥智库作用。通过综合性的常态化管理，由具体部门在每年年初研究提出年度调研计划建议，经审定后实施。加强组织调度，根据形势变化和工作需要，适时调整优化调研课题和调研安排。定期对调研工作进行督导，确保调研不走过场、取得实效。原则上每年听取重大课题调研情况汇报不少于一定数量。规范管理对调研过程和调研结果的记录及反映，真正做到明确目标，责任到人，控制过程，实现"管人"与"管事"的有机结合，达到组织和个人的价值取向趋同，找到破解难题的办法和路径，真正起到推动经济社会发展的先行作用。

（三）建立健全领导带头调研机制

"先禁己身而后人，打铁还需自身硬。"领导带头是我们党的光荣传统。调查研究是做好领导工作的一项基本功，调查研究能力是领导干部整体素质和能力的一个重要组成部分。习近平总书记曾指出，"调查研究是做好领导工作的一项基本功，调查研究能力是领导干部整体素质和能力的一个组成部分"。他同时强调"马克思主义的辩证唯物主义、历史唯物主义世界观和方法论，党的实事求是的思想路线，党的从群众中来、到群众中去的根本工作路线，都要求我们的领导工作和领导干部必须始终坚持和不断加强调查研究"[1]。

毛泽东一生对调查研究极其重视，认为"调查研究极为重要"。他不仅把调查研究看作一切工作的基础，而且把调查研究当作各级干部必须练就的基本功。在极其繁重的革命和建设工作中，他带头深入一线搞调查研究，亲自做过无数次深入细致的调查。仅在20世纪二三十年代的土地革命时期，他就在农村专门做过十几个系统的调查，亲手写就了大量不朽的调查报告，留下了"没有调查，没有发言权""不调查不研究就不得了，就要亡国亡党亡头"等至理名言。在整个革命战争期间，由于毛泽东大力推动全党搞调查研究等一系列活动，使党的整个作风得到了根本好转，我们党也才能真正担负起民族独立解放的历史重任。[2] 在1961年1月13日中央工作会议上，他再次强调："调查研究极为重要，要教会所有的省委书记加上省委常委、省一级和省的各个部门的负责同志、地委书记、县委书记、公社党委书记做调查研究。他们不做调查，情况就不清楚。"[3]

---

[1] 习近平：《谈谈调查研究》，《学习时报》，2011年11月21日，第1版。
[2] 杨明伟：《毛泽东与调查研究》，《学习时报》，2018年2月26日，第1版。
[3]《毛泽东文集》（第八卷），人民出版社，1999年版，第234页。

邓小平一贯尊重毛泽东关于调查研究的理论和实践，创造性地继承和发展了毛泽东的调查研究思想，将调查研究看作贯彻党的思想路线和群众路线的必然要求，十分重视领导者亲自搞调查研究。他强调，领导者既要亲自动手搞调查，又要深入群众的底层。十一届三中全会以后，他在全党进行拨乱反正、总结历史经验教训的基础上，对一系列关系经济和社会发展全局的重大问题，进行深入的调查研究，为形成建设中国特色社会主义的理论，制定党的基本路线，作出了巨大贡献。1992 年 1 月 19 日至 23 日，88 岁高龄的邓小平到深圳、珠海等地视察并发表南方谈话，犹如浩荡春风，不仅扫除了阻碍我国社会发展的思想障碍，涤荡了社会风气，使我国的社会主义建设重回正轨，而且在我国社会主义建设的整体过程中为我国构筑中国特色社会主义理论体系、探索中国特色社会主义道路、完善中国特色社会主义制度起到了不可替代的指导作用，给华夏大地带来了无限生机与活力。

习近平总书记曾将在领导干部中存在的不重视调查研究、不善于调查研究的问题归结为四种类型：一是"走不出'文山会海'，强调工作忙，很少下去调查研究"的"官僚主义"型；二是"满足于看材料、听汇报、上网络，不深入实际生活，坐在办公室关起门来作决策"的"闭门造车"型；三是"自认为熟悉本地区本部门情况，对层出不穷的新情况新问题反应不敏锐，对形势发展变化提出的新课题新挑战应对不得力，看不到事物的发展变化是一个由量变到质变的过程，凭经验办事，拍脑袋决策"的"经验主义"型；四是"调研走过场，只看'盆景式'典型，满足于听听、转转、看看，蜻蜓点水、浅尝辄止"的"粗枝大叶"型。他还尖锐地指出，"凡此种种，严重影响决策的科学性，妨碍党的路线方针政策的贯彻执行，也损害领导机关、领导干部的形象"。正基于此，他在 2015 年 1 月 12 日同中央党校第一期县委书记研修班学员进行座谈时，明确要求"关键少数"要把调查研究作为基本功，深入基层、深入群众、深入实际，了解情况、问计于民。他还提出"当县委书记一定要跑遍所有的村，当市委书记一定要跑遍所有的乡镇，当省委书记一定要跑遍所有的县市区"[1]。2021 年 9 月 1 日，他在中央党校（国家行政学院）中青年干部培训班开班式上进一步强调，既要"身入"基层，更要"心到"基层，听真话、察真情，真研究问题、研究真问题，不能搞作秀式调研、盆景式调研、蜻蜓点水式调研，"无实事求是之意，有哗众取宠之心"是不行的！这就为领导干部作为"关键少数"带头调研立下了规矩。

因此，各级领导干部必须提高认识、切实增强做好调查研究的思想自觉、政治自觉、行动自觉，深刻领会党的群众路线的精髓，大兴求真务实之风，坚持蹲点调研、"解剖麻雀"。一要坚持轻车简从，不给基层增加负担，不搞花架子，大力改进文风。采取"四不两直"方式，多到困难多、群众

---

[1]《习近平同中央党校县委书记研修班学员座谈》，《人民日报》，2015 年 1 月 13 日。

意见集中、工作打不开局面的地方和单位开展调研，防止嫌贫爱富式调研。"身入"基层更要"心到"基层，始终关心基层联系点，关心联系点的群众，真心实意地交朋友、拉家常，直接了解基层干部群众的所想、所急、所盼。通过深入基层，带头面对面听群众讲真话、讲心里话，从而有效带动各级干部深入基层与群众促膝谈心、聆听真情实况。二要善于从调研中发现新情况，总结新经验，形成新措施、谋划新战略。部门主要负责人作为本单位调研工作的"第一责任人"，要亲自主持制定方案，牵头组织推进调研工作，多到分管领域的基层一线去，多到困难多、群众意见集中、工作打不开局面的地方去，体察实情、解剖麻雀，全面掌握情况，做到心中有数；认真学习并贯彻中共中央办公厅印发的《关于推进学习型党组织建设的意见》和《关于在全党大兴调查研究的工作方案》，紧紧围绕全面贯彻落实党的二十大精神、推动高质量发展，直奔问题去，实行问题大梳理、难题大排查，着力打通贯彻执行中的堵点淤点难点。各级党委（党组）要立足职能职责，围绕做好事关全局的战略性调研、破解复杂难题的对策性调研、新时代新情况的前瞻性调研、重大工作项目的跟踪性调研、典型案例的解剖式调研、推动落实的督查式调研，突出重点、直击要害，结合实际确定调研内容；三要带头敢于正视并解决突出问题，带动广大党员、干部认真查摆问题、整改落实。"对短期能够解决的，立行立改、马上就办。对一时难以解决、需要持续推进的，明确目标，紧盯不放，一抓到底，做到问题不解决不松劲、解决不彻底不放手。"[1]

（四）建立健全调研成果转化运用机制

调查研究的根本目的，是"总结经验，探索规律，指导工作，解决问题"，使之最终成为各级党委、政府的决策依据或参考，成为改造客观世界的现实力量，从而有效破解经济社会发展中难题，从而真正实现推进工作、促进发展。讲求实效是领导调研的出发点，也是领导调研的立足点。具体实践中，就是要求"从客观实际出发，注重选题的实用性，认真做好可行性论证，确保选题的应用价值"[2]。要实现这一目的，就必须在调研中注意讲求实效、厉行节约、反对浪费、杜绝形式主义，注重调研的经济效益与社会效益，以成果的转化作为调研工作的归宿，全力抓好成果的推广和应用，努力实现投入产出的平衡。

当前，仍然存在着不少领导干部调研成果转化意识不强，作风浮夸，形式主义严重，一些调研成果质量不高、转化价值不大，渠道不畅，激励制约机制不健全等方面问题。主要表现为选题不好、深入不够、范围狭窄、调用脱节。新的认识回归现实，再认识指导、再实践，最终要落到一个"实"字上，说到底是要通过真抓实干，让调研成果在实际工作中转化应用。从现实而来的调研成果，要通过任务分解、

[1]中共中央办公厅印发《关于在全党大兴调查研究的工作方案》，新华社，2023年3月19日。
[2]丁恒龙：《现代领导调研实务》，中共中央党校出版社，2003年版，第47页。

层层落实、奖惩督责，要坚决避免让辛苦得来的调研成果仅仅"写在纸上、挂在墙上"或者用"文件落实文件"，要持之以恒、绵绵用力、久久为功，要把调查研究的成果转化为工作思路、工作部署，调查研究、科学决策、贯彻落实并形成完整链条。只有这样，才能最终让调研成果在现实中落地生根，使在更高起点上谋划的更高水平的发展获得更多的认识和实践支撑，实现发展质量和效益的同步提升。

认识与实践的基本规律告诉我们，"实践、认识、再实践、再认识，这种形式，循环往复以至无穷"[1]。调查研究作为衔接实践与认识的桥梁，从实践和现实中调查新的情况，进而形成新的认识，而新的认识再回到现实中去指导实践。通过调研，让广大干部群众对社会现实有新的认识，对发展道路达成更多的共识。在具体实践中，要坚持"调""研"并重、多措并举、研以致用。要做到这点，必须做好以下方面的工作：

一要建立调研成果转化运用清单，加强对调研课题完成情况、问题解决情况的督查督办和跟踪问效。定期对调研对象和解决问题等事项进行回访，注意发现和解决新的问题；二要努力畅通调研成果转化渠道，采取多种方式反映、报送调研成果，积极主动地向领导汇报调研成果的价值所在，切实把调研成果转化成谋划工作的新思路、解决

---

[1]《毛泽东选集》（第一卷），人民出版社，1991年版，第296-297页。

问题的新举措；三要丰富转化形式，如及早建立调研报告动态数据库，将调研报告和成果转化运用情况及时整理入库，使调研成果及时转化为领导决策和工作指导的依据，也可以为领导讲话、起草文件提供素材。根据需要，可以使用决策建议形式上报党中央、国务院，可形成具体政策指导系统工作，可报送相关部门参考，可作为典型经验予以推广，也可形成政策储备，使之成为推动工作发展的有力杠杆；四要以考核结果运用为关键环节，持续提升考评工作精确度、分辨率和权威性，逐步形成科学合理、有机联系、相互配套、有效运用的调研工作考核评价机制，有力调动调研工作者的积极性、主动性，有效促进工作提质增效、合理配置社会资源，提高决策科学化、民主化程度；五要加大宣传力度，充分利用党报、党刊、电视台、广播电台、网络传播平台等，采取多种多样的宣传形式和手段，大力宣传各地举措、实际成效，凝聚共识力量，营造浓厚氛围，更好发挥宣传党委决策、展示调研成果、指导实际工作的作用。

（五）建立健全调研成果推广交流机制

调研成果"从不同方面展示了社会生活各领域的指标，并为建立和完善社会指标体系提供了种类"[1]。据此，调研成果推广乃是指"成果推广者采用必要的手段，运用各种资

---

[1] 叶至诚，叶立诚：《调研方法与调研报告》，中国纺织出版社，2002年版，第290页。

源和条件，通过一定的形式和方法加以宣传推广，努力将调研成果中观念形态的内容转化为现实形态结果，从而实现调研成果的活动过程"[1]。调研成果的推广应用作为调研成果由观念转为现实的唯一途径，其有效性如何，事关调研成果的效用乃至成败。

从我们党的历史来看，老一辈革命家一贯高度重视调查成果的推广应用。德高望重的老一辈革命家、政治家习仲勋同志在调查研究中就非常注意观察和捕捉某些局部地区和领域的创新尝试和成功经验，通过对典型经验的培养、总结和研究，寻找解决同类问题的普遍规律，然后在更高的层面上进行推广，从而发挥其以点带面的作用。解放战争时期，习仲勋就曾针对土改运动发展中出现的问题，以绥德、子洲等地土改情况为例进行密切观察和深入调研，在调研报告中不仅直指土改存在问题的要害，而且创造性地提出了一些切合实际、具有指导作用的真知灼见，就老解放区、半老解放区、新解放区土改中的不同问题坦率提出自己意见，受到党中央的高度重视。[2] 毛泽东将其批转给晋绥、中工委、邯郸局、华东局、华东工委、东北局等地，由此促使大规模土改运动整体性地健康发展，也成为调研成果向决策转化的成功案例。[3]

---

[1]丁恒龙、张欣平等：《新形势下领导调研方法与艺术》，中共中央党校出版社，2012年版，第 255 页。
[2]《习仲勋文集》，中共党史出版社，2013年版，第 78 页。
[3]王晓荣，岳国芳：《习仲勋调查研究思想与实践》，《理论探索》，2014年第 2 期。

　　当前，由于各地区、各部门对调查研究的重视程度存在着一定的不平衡，有的整个部门也拿不出一篇像样的调研文章，陈词滥调，官样文章；有的不及时学习领会上级的新要求，按部就班、思维定式现象严重；有的不深入分析存在的问题和矛盾，蜻蜓点水、浮光掠影；有的不紧扣基层实际，大而无当、泛泛而谈。开展调查研究不是务虚，而是"谋事之基，成事之道"。调研成果的优劣，一定程度上反映了学风的好坏，最终会影响一个地方乃至一个部门发展速度的快慢、层次的高低和事业的成败。

　　针对上述诸多问题，应本着公正公开、社会进步、沟通协调、实现价值的原则，切实做到：一要加强组织建设，建立合理有效的推广机构，每年举行一定数量的调研成果交流活动；二要精选推广对象，以高度代表性和普遍意义为考察原则，确保推广有的放矢；三要运用多种方式，采用会议推广，文件材料下发，在核心期刊、报纸、电视、广播、网络上设立专栏，汇编优秀调研报告等多种措施形式，促进调研成果在更大范围内得到应用，不断扩大调研成果的影响力；四是扩大宣传交流，将调研成果作为"行为准绳"和"行为导向"，不断深化目标群体和推广人员对调研成果的认识与认知，建立实施追踪系统，确保理论学习、调查研究、推动发展、检视整改有效贯通，有机融合、一体推进，从而实现调研经济效益与社会效益的有机统一。

（六）建立健全调查研究考核评价机制

一个完整的调研过程，除了科学、合理地进行调查、分析和研究之外，还应当大力研究调研成果的价值回归问题，即"依据一定的标准和程序，对所获得的调研成果进行评价，并在评价的基础上对调研成果加以推广、应用，尤其要在应用中检验和发展调研成果，为以后的调查研究提供良好的基础"[1]。为了提升调查研究的质量，还应注重对调查研究的评价和评估，形成"调查研究—对策建议—评估优化"的程序闭环。"对尚未研究透彻的调研成果，要更深入地听取意见，完善后再付诸实施；对已经形成举措、落实落地的，要及时跟踪评估，视情况调整优化。"[2]

调研考核评价作为绩效考评制度之一，就是在调研过程结束后，对照工作目标标准，采用一套系统的制度性规范、程序和方法，全面分析、客观评定调研参与者的调研任务完成情况、工作职责履行程度和调研成效发挥情况，肯定成绩、发现问题，从而构建起主体明晰、责任明确、有机衔接的责任体系的一种机制。

调查研究考核评价应当遵从评价活动客观规律，坚持从客观实际出发、实事求是的客观导向，坚持站在总体高度，把握发展系统的全面导向，坚持以公共利益、社会利益为初

---

[1] 丁恒龙，张欣平等：《新形势下领导调研方法与艺术》，中共中央党校出版社，2012年版，第244页。
[2] 吴怀友，陈阳波：《习近平总书记关于调查研究重要论述的方法论》，《人民论坛·学术前沿》2022年12月下。

衷的价值导向，坚持既定调研目标的目标导向，坚持定性定量研究相结合、坚持辩证逻辑程序方法的科学导向。在评价指标的设定上，应注意从社会效果、经济效果、科技效果、改善社会环境、提高生活水平、提升生产效率以及资源合理配置等方面，对所取得的调研成果进行评价，为最终在现实中应用是否可行、在经济上是否合理，乃至下一步应用方案是否调整做出界定。

具体实践中，就是要注意以下几点：其一，首先要充分作好评价的组织准备，将调查研究纳入年度工作考核重要内容，在评优评先中加大占比权重；其二，充分运用各种手段全面收集相关材料，并在此基础上进行系统整理、分类、统计和分析，可应用"成本效益评价法"进行研究成果的经济效益评估，应用"有无对比法"进行可量化指标的各项社会效益和影响进行对比评价，应用"成果考核法"判断各种指标对调研成果实施一定年限社会发展的影响程度，预测可能发生的变化及存在的风险，通过定性定量指标对权重进行选择与顺序排列，分析比较总结成果；其三，在充分吸纳专家综合论证意见的基础上，全面系统地编制评价报告，提交有关部门领导；其四，充分运用成果，对取得优秀成果的单位和个人予以表彰奖励，对工作不力、完不成任务的单位和个人取消评优评先资格。把调研工作成效作为干部选拔任用的重要参考依据，树立强化调查研究、解决实际问题的鲜明导向。

（七）建立健全调查研究经费保障机制

经费即经办事业支出的费用。经费支出即企业、机关、事业单位等组织在执行预算过程中实际支出的各项经费，如工资、附加工资、动力费、维修费、业务费等。党政调查研究经费是党政部门基于预算管理，为调动各方参与调研工作的积极性、主动性而需要切实解决的活动经费。从管理学上来看，费用管理的重点不在控制，而在于费用的有效投放。提高费用的投入产出效果是其重中之重。

当前，调查研究经费保障尚存在着诸如来源上分散多头、分配上供求失衡、使用上效率不高、监管上力度不足等诸多问题。针对新形势下调研经费不足、调研者工作积极性低下等问题，应重激励、重管理，着力构建经费保障机制，将调研工作经费纳入本级预算，按照统一领导、分级管理、指标控制的原则，统筹合理安排各项开支，科学编制预算，确保落实到位，努力使调研部门实现"手里有钱、办事不难"。此外，还可以设立重大调研课题专项资金，主要用于调研工作的统筹组织协调、课题筛选论证、优秀成果评选奖励等。

与此同时，为了保证调研经费能够按时、足额地投入到实际工作中，必须加强调查研究经费的使用监管力度，定期开展专项检查，确保经费专款专用。在积极筹措资金以保障专项经费充足的同时，应对调研经费实行项目化模式管理，对项目资金的投向、使用和效果进行"全天候"监管，以推动调研经费管理由"粗放型"向"精细型"转变，做到精准化投入。相关部门对专项资金的有效性与安全性负全责，从年初申报用途、年中督查进度到年终检查核实，监控到底。及时公开各项经费支出内容，务求专款专用、专项管理，每笔资金的用途用法、分配结果做到全程公开，防止出现暗箱操作、违规分配。严格控制经费中的不合理开支，接受群众监督，切实保障群众的知情权和监督权。纪检、监察、财政、审计等部门采取事前、事中、事后相结合的全过程监管工作模式，建立多层次、全方位、多形式的监督管理机制，确保调研经费的每一分钱都能"好钢用在刀刃上"。

综上，紧紧围绕全面贯彻落实党的二十大精神、推动高质量发展，完善调查研究的长效机制，发现总结调查研究的有效做法和成功经验，着力打通贯彻执行中的堵点淤点难点。使调查研究真正成为广大党员、干部的经常性工作，在全党蔚然成风、产生良好实效。

第一版后记

习近平总书记高度重视调查研究工作，2011年11月16日他在中央党校秋季学期第二批入学学员开学典礼上的讲话中专题阐述调查研究问题。党的十八大以来，他多次强调调查研究，并身体力行调查研究。党的十九大以后，他在中共中央政治局民主生活会上再次强调调查研究是我们党的传家宝，是做好各项工作的基本功。他要求要在全党大兴调查研究之风，推动党中央大政方针和决策部署在基层落地生根。他强调：中央政治局的同志要拜人民为师，向人民学习，放下架子、扑下身子，接地气、通下情，"身入"更要"心至"，开展深入细致的调查研究，抓住老百姓最急最忧最怨的问题，解决好群众最关心最直接最现实的利益问题，真正把功夫下到察实情、出实招、办实事、求实效上。中央政治局的同志要以身作则，推动各级干部动起来、深下去，使调查研究在全党蔚然成风。

为深入学习贯彻习近平总书记调查研究的思想，进一步做好调查研究工作，我们组织编写了《大兴调查研究之风》一书，力图为广大党员干部做好新时代的调查研究工作提供基本遵循。本书由中央党校督学组督学、教授、博导洪向华牵头组织编写并担任主编，中央党校等单位的专家学者承担了具体的编写任务。各章写作分工如下：

第一章，李跃华，中央党校机关党委宣传处处长、副教授

余忠剑，中国社会科学院博士

第二章，李跃华，余忠剑

第三章，齐先朴，济南大学马克思主义学院教授

第四章，齐先朴

第五章，汪勇，安徽省委党校党史党建部副教授

第六章，林珊珊，中央党校报刊社编辑

熊若愚，中央党校报刊社编审

第七章，甘守义，安徽省委党校党史党建部副教授

由于时间仓促，能力有限，错漏在所难免，有些内容也需要进一步完善。在写作的过程中，本书参考了大量的著作、论文，可能未能一一列举出来，一并对业内同行表示感谢。

重庆大学出版社雷少波、张慧梓等同志做了很多具体工作，给出了非常宝贵的建议。在此，对他们的辛勤劳动表示感谢。

洪向华